clave

ROBIN SHARMA

Una inspiración para cada día

Traducción de
Daniel Menezo

DEBOLS!LLO

Papel certificado por el Forest Stewardship Council®

Título original: *Daily Inspiration*

Segunda edición: septiembre de 2014
Decimoquinta reimpresión: julio de 2023

© 2007, Robin S. Sharma
Todos los derechos reservados. Publicado por acuerdo con
HarperCollins Publishers Ltd., Toronto, Canadá
© 2009, Penguin Random House Grupo Editorial, S.A.U.
Travessera de Gràcia, 47-49. 08021 Barcelona
© 2009, Daniel Menezo García, por la traducción
Diseño de la cubierta: Penguin Random House Grupo Editorial / Nico Castellanos
Fotografía de la cubierta: © Martin Puddy / Corbis

Printed in Spain – Impreso en España

ISBN: 978-84-9908-674-3
Depósito legal: B-45.774-2010

Compuesto en Anglofort, S. A.

Impreso en BlackPrint CPI Ibérica
Sant Andreu de la Barca (Barcelona)

P 8 8 6 7 4 D

*Dedico esta colección de citas, extraídas de los libros
que componen la serie* El monje que vendió su Ferrari,
*a ti, Lector. Hace falta ser especial para tener
el valor de examinarse uno mismo y hacer lo necesario
para crear una vida plena de autenticidad,
abundancia, felicidad y capacidad de asombro.
Por tanto, mi respeto hacia ti.*

*También dedico este libro a mis dos hijos.
Es una bendición ser su padre.*

Enero

Impacto y legado
La grandeza personal

Impacto y legado

1 de enero

Un día, cuando yo era pequeño, mi padre, que estaba traduciendo un dicho en sánscrito, compartió conmigo un pensamiento que nunca olvidaré. Me dijo: «Hijo, cuando naciste lloraste mientras el mundo se alegraba. Vive de manera que, cuando mueras, el mundo llore mientras tú te alegras». Vivimos en una era en la que hemos olvidado en qué consiste la vida. Mandamos sin dificultad a una persona a la luna, pero nos cuesta cruzar la calle para saludar a un nuevo vecino. Tenemos una tecnología que nos permite estar siempre conectados; sin embargo, en muchos sentidos, en ninguna otra época de la historia hemos estado tan desvinculados como ahora. Sabemos más que nunca, y al mismo tiempo menos que nunca, qué significa la verdadera grandeza... como seres humanos.

Impacto y legado

2 de enero

El propósito es el motivador más poderoso del mundo. El verdadero secreto de la pasión es el propósito.

3 de enero

El éxito no se persigue: es una consecuencia. Fluye como el resultado inesperado de los esfuerzos concentrados en una causa digna.

Impacto y legado

4 de enero

En nuestra cultura, a menudo miramos con malos ojos el concepto *deber*. A muchas personas no les gusta porque les da la sensación de que el deber las limitaría y les impediría vivir el momento. Para mí, la palabra *deber* representa libertad y felicidad. Además, el liderazgo y el éxito genuino consisten en hacer lo que es correcto, no lo que es fácil.

5 de enero

Cuando conectas con algún tipo de propósito elevado, se produce en ti una liberación de pasión y energía. El secreto para poder vivir con pasión es descubrir cuál es el propósito de tu vida. Una vez descubres tu vocación, te emocionas. Entonces empiezas a defender algo más elevado que tú mismo.

Impacto y legado

6 de enero

Fíjate en las personas que descubrieron una causa a la que consagrar su vida; personas como Benjamin Franklin, Mahatma Gandhi, Martin Luther King Jr., la Madre Teresa, Albert Einstein y Nelson Mandela. Se vincularon con algún tipo de cruzada que ellos decidieron que representaría su vida. Esto motivó sus corazones. Recargó sus pilas emocionales para dedicarse a su misión. Una vez logras desarrollar un vínculo emocional con un propósito, en lugar de dejar que sea solo intelectual, la emoción fluye y la energía se desborda.

7 de enero

Conéctate a una causa motivadora con el corazón, no con la mente. Y abróchate el cinturón, porque tu vida subirá a cotas más altas. La mente puede limitarnos; las emociones nos liberan.

Impacto y legado

8 de enero

Puedes encontrar tu causa, tu cruzada, estés donde estés. No tienes que abandonar tu empleo para descubrir algo que te motive tu corazón y te emocione. A menudo, lo único que hace falta es ver las cosas de forma diferente, y luego dar ese primer paso. Hoy.

9 de enero

Defender una causa libera energía; da igual que se trate de crear experiencias increíbles para los que te rodean o de salvar el mundo. Todas las creaciones importantes nacen de la energía... y del compromiso. Decide ser extraordinario en todo lo que hagas.

Impacto y legado

10 de enero

Descubre tu causa y luego desempeña tu misión con orgullo y amor; el amor es una fuerza impresionante para hacer el bien. Es lo más poderoso del mundo.

11 de enero

En el pasado, la mayoría de nosotros se conformaba con un empleo que permitiera pagar las facturas. Pero ahora ansiamos mucho más en nuestro trabajo. Queremos sentirnos realizados, encontrar desafíos creativos, crecer como personas, sentir alegría... Buscamos que tenga sentido. Una de las mejores maneras de hallar el máximo sentido al trabajo que desempeñas es usar la técnica de las preguntas creativas, para ser consciente del impacto que tiene tu trabajo sobre el mundo que te rodea. Formúlate preguntas como: «¿Quién se beneficia en última instancia de los productos y servicios que ofrece mi empresa?» o «¿Qué diferencia supone mi esfuerzo cotidiano?». Cuando lo hagas, empezarás a ser consciente de la relación entre tu trabajo y las vidas en las que incides. Eso te inspirará.

12 de enero

Un día, mi padre pegó en la puerta de la nevera un poema de
Rabindranath Tagore. Era muy sencillo. Decía: «Ha pasado
la primavera, ya se ha ido el verano y ha llegado el invierno.
Y la canción que quiero entonar sigue sumida en el silencio.
Me he pasado los días encordando y desencordando mi instrumento». Esto lo decía un hombre que tenía el corazón las-
trado por remordimientos por haber vivido a medias. Hoy es
el día adecuado para empezar a crear tu legado, no dentro
de diez años, cuando «tengas más tiempo». Medita sobre lo
que quieres crear en tu vida y, lo que es más importante, qué
regalo quieres dejarle al mundo cuando ya no estés en él. La
grandeza radica en empezar algo que no acabe contigo.

13 de enero

Equilibra el éxito con la trascendencia. ¿Qué sentido tiene hacer grandes cosas que no tengan un impacto duradero? Al final de nuestra vida, lo más importante será en qué nos hayamos convertido y qué hayamos aportado al mundo.

14 de enero

Una de las verdades atemporales de la vida se puede expresar de una forma muy sencilla: cuando abandonas el impulso egoísta de sobrevivir y aceptas el compromiso sincero de servir, tu vida no puede por menos de alcanzar el éxito más absoluto.

Impacto y legado

15 de enero

Es bien conocida la afirmación del famoso inventor Thomas Edison: «El genio es un uno por ciento de inspiración y un noventa y nueve por ciento de sudor». Aunque creo que el trabajo duro es esencial para disfrutar de una vida de éxito y plenitud genuinos, también considero que un atributo aún más importante es estar provisto de un profundo sentido de inspiración y de compromiso para marcar una diferencia en este mundo.

16 de enero

Una de las mejores lecciones para disfrutar de una vida plenamente satisfactoria es abandonar una vida dedicada a perseguir el éxito y empezar a vivir otra dedicada a descubrir su sentido. Y la mejor manera de encontrar ese sentido consiste en formularte una sencilla pregunta: «¿Cómo puedo ser útil?». Todos los grandes líderes, pensadores y personas humanitarias han renunciado a vidas egocéntricas y, al hacerlo, han descubierto toda la felicidad, abundancia y satisfacción que deseaban. La alegría nace de dar.

Impacto y legado

17 de enero

Todos y cada uno de nosotros debemos plantearnos, no solo como padre o madre sino como persona: «¿Qué habrá significado mi vida cuando ya no esté?». Debemos pensar en la huella que dejaremos y en cómo sabrán las generaciones futuras que un día vivimos. No estoy diciendo que todos tengamos que ser como Mahatma Gandhi o como la Madre Teresa. Ambos siguieron los senderos trazados para ellos en concreto, caminos que decidieron recorrer. Lo que digo es que todos debemos conducir nuestras vidas de tal manera que podamos trascendernos a nosotros mismos.

18 de enero

Con demasiada frecuencia la gente intenta vivir al revés: se pasa los días procurando obtener las cosas que la harán feliz, en lugar de tener la sabiduría necesaria para darse cuenta de que la felicidad no es un lugar al que llegas, sino un estado que creas. La felicidad y la vida profundamente plena llegan cuando uno se compromete, desde lo más profundo del alma, a invertir sus mejores talentos en un propósito que suponga una diferencia para las vidas de otros. Cuando elimines todo el lastre, descubrirás su verdadero sentido: vivir para algo más que para ti mismo. Dicho en pocas palabras, el propósito de la vida es una vida con propósito.

19 de enero

Nada destruye más el corazón que saber que tuviste la oportunidad de manifestar el magnífico potencial que llevas dentro y rehusaste prestar oídos a esa vocación.

20 de enero

Todos tenemos talentos especiales esperando a que los apliquemos a una empresa digna. Todos tenemos algún tipo de genio personal. Todos estamos aquí con un propósito único, algún objetivo noble que nos permitirá manifestar nuestro máximo potencial humano, mientras añadimos valor a la vida de quienes nos rodean. Descubrir esa vocación no quiere decir que debas abandonar el trabajo en el que te ocupas. Solo significa que tendrás que aportar a ese trabajo más esfuerzo y centrarte en las cosas que sabes hacer mejor. Hoy mismo decide ser brillante en lo que haces, y en cómo vives.

La grandeza personal

21 de enero

El éxito exterior no significa nada a menos que también sea interior. Existe una enorme diferencia entre el bienestar y la riqueza. La persona que tiene una gran vida interior es la que posee la mayor riqueza.

22 de enero

Las personas más alegres, dinámicas y satisfechas de este mundo no son distintas de ti o de mí en lo que respecta a su constitución. Todos somos de carne y hueso. Todos procedemos de la misma fuente universal. Sin embargo, aquellos que hacen algo más que existir, aquellos que avivan las llamas de su potencial humano y saborean de verdad la danza mágica de esta vida, hacen cosas distintas de quienes tienen vidas ordinarias. Entre las cosas más importantes que hacen se cuenta adoptar una visión positiva sobre su mundo y sobre todo lo que este contiene. Donde otros ven adversidad, ellos ven oportunidad.

23 de enero

Las personas que se sienten muy bien consigo mismas obtienen resultados muy buenos. El respeto por uno mismo es algo hermoso.

24 de enero

_____

Tu vida es un tesoro, y eres mucho más de lo que imaginas. La vida que vives hoy no tiene por qué ser la misma que la que vivirás mañana. Elige. Da un salto. Supera tus circunstancias para alcanzar tu próximo estadio de grandeza.

La grandeza personal

25 de enero

La mente es un fantástico siervo pero un terrible señor. Si te has vuelto un pensador negativo, se debe a que no has cuidado tu mente ni la has entrenado lo suficiente para que se centre en las cosas positivas. Recuerda que nos convertimos en lo que pensamos durante todo el día.

26 de enero

Las personas que prosperan en la vida son aquellas que tienen grandes sueños y corren los riesgos necesarios para convertir su visión en realidad. Se enfrentan cara a cara con sus miedos, participan en el juego y viven cada día con valor. Rompen las puertas de sus temores, por mucho miedo que sientan. Es mejor ser un león un solo día que una oveja toda la vida.

La grandeza personal

27 de enero

El mejor antídoto contra el miedo es el conocimiento.

28 de enero

La suerte no es otra cosa que la perfecta combinación de una preparación meticulosa con una oportunidad que se presenta en el momento adecuado.

29 de enero

La mayoría de las personas pasan los mejores años de sus vidas viviendo en el ámbito de lo conocido. Carecen del valor necesario para aventurarse en territorios ignotos y les asusta apartarse de la multitud. Quieren encajar, les da miedo destacar. Se visten como todo el mundo, piensan como los demás y se comportan como ellos, incluso aunque con ello no se sientan bien. Se muestran reacias a escuchar la voz de sus corazones y a probar cosas nuevas; rehúsan alejarse de la orilla de la seguridad. Hacen lo mismo que todo el mundo. Pero al hacerlo, sus almas, que un día relucieron, empiezan a perder luminosidad. El éxito radica en ser fiel a uno mismo y en vivir la vida según nuestras propias normas.

30 de enero

No querer alejarse de la orilla segura de tu vida no es más que optar por seguir siendo un prisionero de tus temores. Y sin alejarse de las playas conocidas es imposible descubrir nuevos océanos.

La grandeza personal

31 de enero

El coraje no es la ausencia de temor, sino la voluntad de superarlo para perseguir una meta que es importante para ti. Cuando vives en un puerto seguro y te aferras a lo conocido, te cuentas entre los muertos en vida. Cuando te aventuras en lo desconocido y exploras lugares que ignorabas de tu vida resucitas y tu corazón late de nuevo. De ese modo recuperas la aventura y la emoción de vivir. Recuerda que al otro lado de tus miedos descubrirás tu fortuna.

Febrero

La grandeza personal

1 de febrero

Decir que no tienes tiempo para mejorar tus pensamientos y tu vida es como decir que no tienes tiempo para poner gasolina a tu coche porque estás demasiado ocupado conduciendo. Al final te pasará factura.

2 de febrero

Los pensamientos son esenciales, están vivos, son pequeñas unidades de energía. La mayoría de las personas no se detienen a considerar la naturaleza de sus pensamientos; sin embargo, la calidad de estos determina la de nuestra vida. Tus pensamientos forman tu mundo, y aquello en lo que te centras da forma a tu destino.

3 de febrero

Lo cierto es que no puedes permitirte el lujo de tener ni siquiera un pensamiento negativo. Un pensamiento inquietante es como un embrión: empieza siendo pequeño, pero crece y crece. Y pronto adquiere vida propia. Deja ya de alimentar lo que no te sirve de nada.

4 de febrero

Tomar consciencia precede al cambio. Antes de que puedas cambiar algo en tu vida, debes ser consciente de ello y empezar realmente a prestarle atención. Debes construir a su alrededor un estado de conciencia. Nunca podrás erradicar una debilidad que no sabes que existe.

5 de febrero

La mejor manera de invertir tu tiempo, sin excepción, es cultivando tu mente, corazón, cuerpo y espíritu, de modo que puedas aportar más brillantez a este mundo. Despertar esas cuatro dimensiones de tu mundo interior es la mejor acción que puedes emprender. La grandeza exterior va precedida de una excelencia interior. Tu vida externa nunca puede ser más grande que la que existe dentro de ti.

6 de febrero

Cuando proyectas imágenes inspiradoras, imaginativas, en la pantalla de tu mente, empiezan a pasar cosas maravillosas en tu vida. Einstein dijo que «la imaginación es más importante que el conocimiento». Dedica un rato cada día, aunque solo sean unos minutos, a practicar la visualización creativa. Todos los actos extraordinarios empiezan con un sueño.

7 de febrero

Muchos de nosotros hemos cambiado la búsqueda de lo externo por un viaje a nuestro interior. Para muchos, el viaje humano se ha convertido en un viaje interno. Nos hemos dado cuenta de que la puerta que conduce al éxito duradero no se abre hacia fuera, sino hacia dentro. Los mayores tesoros son los que están en nuestro interior. Nosotros, como comunidad global, empezamos ya a pensar mucho más en las necesidades de nuestras almas, y a dedicar más tiempo a actividades como el crecimiento personal, la capacidad de demostrar más amor y compasión y al objetivo de dejar un legado. El éxito es importante, pero la grandeza interior lo es incluso más.

8 de febrero

Los sentimientos son las puertas que conducen al alma, y hay que reconocerlos y sentirlos a fondo. Los sentimientos transmiten información importante y, si los analizas en profundidad fomentan la relación contigo mismo.

9 de febrero

A medida que se amplíe tu consciencia, percibirás cosas que antes no veías ni entendías. No sabemos lo que sabemos hasta que empezamos a mirar en nuestro interior. Allí todo es bueno. Todo aquello que se ha desarrollado para ti te conduce a un lugar maravilloso.

La grandeza personal

10 de febrero

Si realmente deseas mejorar el mundo que te rodea, ya sea tu trabajo, tus relaciones personales o tu economía, debes empezar mejorando tu mundo interior. La forma más eficaz de hacerlo es practicando constantemente la mejora de tu ser. El dominio de uno mismo es el ADN del dominio de la vida. La grandeza es un juego interior.

La grandeza personal

11 de febrero

En nuestra sociedad, con demasiada frecuencia pensamos que los ignorantes son débiles. Sin embargo, quienes manifiestan su falta de conocimiento y luego intentan aprender hallan el camino de la sabiduría antes que todos los demás.

La grandeza personal

12 de febrero

La tradición zen habla de la mente de un principiante: quien mantiene la mente abierta frente a nuevos conceptos, aquel cuya copa siempre está vacía, avanzará siempre hacia niveles más elevados de éxito y de plenitud. Nunca vaciles en formular incluso la pregunta más sencilla.

13 de febrero

El miedo es una respuesta condicionada, un hábito que agota la vida y que, si no tienes cuidado, puede acabar con tu energía, tu creatividad y tu espíritu. Cuando el miedo alce su horrible cabeza, oblígalo a bajarla inmediatamente. La mejor manera es haciendo aquello que temes. Y rápido.

La grandeza personal

14 de febrero

Comprende la anatomía del miedo. Es tu propia creación. La mayoría de las cosas que tememos nunca suceden. Por tanto, ¿para qué dejar que tus miedos controlen tu vida?

15 de febrero

El progreso humano, todos los avances que se producen en el mundo (desde el descubrimiento del fuego hasta la creación del ordenador personal), lo han llevado a cabo personas que tuvieron el coraje de no escuchar a la multitud y optaron por hacer lo que sentían que era correcto, independientemente de que hacerlo les provocase dudas y temores.

16 de febrero

Asumir riesgos supone provocar al miedo. Pero asumirlos supone también estar más vivo que nunca. Cuando nos sentimos más vivos es cuando corremos riesgos, cuando somos osados y visitamos los espacios desconocidos de nuestras vidas. Grandes riesgos, gran vida. Pequeños riesgos, pequeña vida.

17 de febrero

¿Por qué posponer tu grandeza? Nunca habrá un momento perfecto para hacer realidad tus sueños y acceder a las posibilidades poéticas que a tu vida le corresponden por derecho. Así que, ¿por qué no das hoy mismo ese paso?

18 de febrero

Cada uno de nosotros crea una historia sobre su propia vida, incluso aunque solo se la cuente a sí mismo. Para algunos, la historia se centra en ser una víctima. Hacerse la víctima resulta sencillo. No hay que asumir ninguna responsabilidad por cómo es tu vida. Puedes echar la culpa a cualquiera por lo que no funciona en tu vida, y no tener nunca que examinarte e introducir los cambios que sean necesarios. Pero cuando te haces la víctima, cedes tu poder a aquello de lo que supuestamente eres la víctima. Es una forma muy impotente de vivir.

19 de febrero

La transformación personal no es una carrera. En realidad, hay veces en las que cuanto más intentas cambiar, más tiempo tardas en conseguirlo. Hay muchas personas que consideran que analizarse es un deporte de riesgo: hay que apresurarse para conseguir la cura lo antes posible. Leen un libro tras otro. Visitan a un guía tras otro y asisten a seminarios en cadena. Quieren conocer las respuestas a las grandes preguntas a las que se enfrentan. Pero alguien que no puede detenerse en el misterio de su vida y disfrutar del proceso de crecimiento personal es una persona que vive con miedo.

20 de febrero

Eres aquello en lo que piensas durante todo el día. También eres lo que te dices a ti mismo durante todo el día. Si dices que eres viejo y estás cansado, ese mantra se manifestará en tu realidad externa. Si dices que eres débil y que te falta entusiasmo, así será también tu mundo. Pero si dices que estás sano, que eres dinámico y estás plenamente vivo, tu vida se transformará. Las palabras tienen un poder extraordinario.

21 de febrero

Nunca serás capaz de erradicar una debilidad que no sabes que tienes. El primer paso para eliminar un hábito negativo consiste en ser consciente de su existencia. Una vez seas consciente de la conducta que pretendes cambiar, estarás en el buen camino para sustituirla por otra más útil. De la misma manera que una sombra se disuelve cuando le da de lleno la luz, las debilidades, bajo la luz de la conciencia, comienzan a disolverse.

22 de febrero

El miedo es el factor fundamental que incita a las personas a tener vidas pequeñas y carentes de autenticidad. La mayoría de los temores no son más que una ilusión.

23 de febrero

La libertad es como una casa: la construyes ladrillo a ladrillo. El primer ladrillo que pones es la fuerza de voluntad. Esta te inspira a hacer lo correcto en cada momento. Te proporciona la energía para actuar con coraje. Te otorga el control para vivir la vida que has imaginado, en lugar de aceptar la que tienes. La disciplina es un antídoto contra el remordimiento.

24 de febrero

La mente es un instrumento maravilloso que puede usarse para planificar, reflexionar pacientemente y aprender de los errores pasados, de modo que no se repitan. La mente te ayudará a aumentar tu conocimiento y a recibir educación de las enseñanzas de esta vida. Pero la mente no es la que debe dirigir tu vida, como le ocurre a la mayoría de las personas. Equilibra la vida en la mente con el funcionamiento de las emociones. De hecho, es el corazón el que debe guiarte.

La grandeza personal

25 de febrero

Ese parloteo mental que ocupa la cabeza de la mayoría de las personas habla fundamentalmente de por qué no deberíamos hacer algo, y sobre las consecuencias adversas del fracaso. Con demasiada frecuencia, la mente restringe nuestro crecimiento.

26 de febrero

Una de las verdades intemporales de una vida de éxito se puede expresar con palabras sencillas: tus pensamientos conforman tu mundo. Aquello en lo que te centras en tu vida crece, aquello en lo que piensas se expande, y aquello en lo que te vuelcas determina tu destino. La vida es una profecía que se cumple a sí misma: te da lo que esperas de ella. Echa una mirada atenta a tu entorno. Tus pensamientos están influidos por las personas con las que te relacionas, los libros que lees, las palabras que pronuncias y tu entorno físico cotidiano. Cuando des algunos pasos para hacer que el entorno en el que trabajas y vives sea mejor, detectarás enseguida progresos en tu forma de pensar, sentir y actuar.

27 de febrero

Para obtener lo mejor de la vida, debes vivir plena y conscientemente cada minuto de cada hora de cada día. Sin embargo, la mayoría de los días tenemos la mente en diez sitios distintos a la vez. En lugar de disfrutar del trayecto hasta el trabajo, nos preguntamos qué nos dirá el jefe al llegar a la oficina, o qué almorzaremos, o cómo les irá a nuestros hijos en la escuela ese día. Nuestra mente es, como dicen en Oriente, como un grupo de monos sin cadenas que dan saltos de un lugar a otro sin tener un instante de paz. Cuando desarrolles la consciencia del momento presente y aumentes tu concentración mental, no solo sentirás una gran calma en tu vida, sino que liberarás la plenitud de tu potencial mental. Y eso es lo que señala el principio de la grandeza.

28 de febrero

Sin la capacidad de concentrarse, no es posible vivir una vida plena y completa. Si careces de la concentración mental suficiente para dedicarte a una actividad durante un período determinado de tiempo, nunca serás capaz de alcanzar tus objetivos, hacer realidad tus sueños o disfrutar del proceso deslumbrante que es esta vida. La meditación no es una práctica inconformista reservada a los monjes que viven en las cimas de las montañas. La meditación es una técnica milenaria que desarrollaron algunas de las personas más sabias de este mundo para obtener el control pleno de la mente y, con ello, liberar su enorme potencial para cualquier empresa de la vida. La meditación es un método destinado a formar tu mente para que funcione según fue diseñada. Y este es el beneficio clave: la paz y la tranquilidad que sentirás tras veinte minutos de meditación diaria influirán en todos los minutos restantes del día. No puedes permitirte ignorar el poder de esta disciplina para formar la mente.

Marzo

La grandeza personal
El destino y el propósito de la vida

1 de marzo

Equilibra la mente con el corazón. Equilibra la conquista de tus sueños y el deseo de que sucedan cosas con permitir que estas sucedan y confiando en un fin superior. Equilibra la consciencia de que el propósito de la vida consiste en regresar a nuestro yo superior aun sabiendo que somos seres humanos con muchas imperfecciones, que viven en un mundo con infinidad de placeres que puedes —y debes— saborear sin sentirte culpable.

2 de marzo

Cuando persigues lo que deseas, con amor y alegre abandono, conectas con la energía que creó las estrellas y los mares. En tu vida empieza a penetrar una especie de magia, y suceden cosas que desafían tu comprensión. Empiezan a surgir señales que te indican que vas por buen camino.

3 de marzo

Cuando actúas lo mejor que puedes y te consagras a la excelencia, la vida te respalda y sopla el viento bajo tus alas. Porque detecta a un ser humano que quiere alcanzar sus ideales y que intenta convertirse en aquello que estaba destinado a ser. Ese esfuerzo nunca pasa inadvertido a los ojos que observan el mundo y lo cuidan.

4 de marzo

Todos los dones que hemos recibido —y todos nosotros los tenemos— se nos han entregado por un motivo. Cada uno de los dones recibidos lleva consigo la responsabilidad de modelarlos, desarrollarlos y aplicarlos en el mundo de tal manera que enriquezca la vida de otras personas.

5 de marzo

Las personas que no están dispuestas a concentrarse en la intención de obtener lo que quieren de la vida, y luego intentar conseguirlo con valor, son personas que, en última instancia, tienen mucho miedo en el corazón. No permitas que tus temores te arrebaten la libertad.

6 de marzo

Echar la culpa de mi estado de ánimo, mi inactividad y mis errores al modo en el que se alinean los planetas supone renunciar al poder que he recibido como ser humano y entregarlo a los planetas, las lunas y las estrellas. Es una forma débil de vivir. Recuerda que tú no eres tus estados de ánimo, sino una fuerza mucho mayor que ellos. No eres tu psicología, sino un poder mucho más sabio.

La grandeza personal

7 de marzo

No somos lo que pensamos. Por el contrario, somos los creadores de los pensamientos que fluyen por nuestras mentes; por ello, podemos cambiar nuestros pensamientos si decidimos hacerlo. De la misma manera que no eres lo que piensas, no eres lo que sientes. Eres el creador de tus estados anímicos, que puedes cambiar en un solo instante. Si optas por hacerlo, podrás sentir paz en un momento de estrés, alegría en un momento de tristeza y energía durante un momento de fatiga.

8 de marzo

El camino hacia una vida extraordinaria radica en la exploración de nuestro ser, en aprender cuáles son nuestras mejores capacidades y en comprender quiénes somos, fundamentalmente, como personas. Entonces, provistos de este conocimiento esencial, podemos salir al mundo a hacer aquello para lo que estamos preparados, y somos capaces de crear la bondad para la que hemos sido puestos en este mundo. Recuerda que tienes el deber de brillar, y que este mundo será menos valioso si optas por vivir una vida pequeña.

La grandeza personal

9 de marzo

Examinarse a uno mismo es el primer paso hacia la grandeza personal.

La grandeza personal

10 de marzo

La reflexión es la madre de la sabiduría. Busca unos instantes, cada día, para preguntarte por qué estamos aquí, cómo vivimos y si estamos aprovechando al máximo los dones que la vida nos ha dado. Busca momentos para pensar. Hazlo día tras día.

11 de marzo

La mayoría de las personas creen que transformar sus vidas les costará meses o años. En realidad, puedes cambiar tu vida en un instante, literalmente, tomando la decisión única de no volver a vivir como lo hacías hasta ahora... fuera como fuese. Lo que cuesta meses, años y, a veces, décadas es tener la disciplina necesaria para mantener esa decisión en la práctica.

12 de marzo

Al igual que una sombra empequeñece cuando se la expone a una luz, un temor al que llevamos ante la luz de nuestra consciencia empieza a disminuir. Mira en tu interior y decídete a construir un yo mejor.

13 de marzo

Aquello contra lo que luchamos persiste. Si nos negamos a hacer el trabajo interno que consiste en observar nuestros temores y luego abordarlos, estos siempre nos vencerán. Pero si tenemos el coraje suficiente para explorar nuestros miedos y llegar a conocerlos, pasarán a través de nosotros y luego se alejarán. Trascendemos aquello que aceptamos.

14 de marzo

Busca tiempo para enfrentarte a tus resistencias y examinarte cuando surjan frustraciones o temores, en lugar de echar la culpa a otros y eludir tu responsabilidad. Este es un paso esencial para ser una persona más poderosa y tranquila. Nuestras vidas son espejos, y la vida no nos envía imágenes de lo que queremos, sino de quiénes somos. Cuando brillamos con mayor intensidad y destacamos más, nuestras vidas interiores no pueden por menos de seguir nuestros pasos.

La grandeza personal

15 de marzo

Independientemente de quién seas y de cuáles sean tus experiencias, aún tienes la capacidad de elegir cómo procesarás los acontecimientos de tu vida. Esa capacidad de elegir el modo de interpretar lo que nos sucede es nuestra mejor dote como seres humanos. Así que no esperes que otros cambien para que tus circunstancias mejoren. Sigue adelante y transita por el camino de la nobleza. Introduce los cambios que sean necesarios. Otras personas que te rodean acabarán siguiendo tu ejemplo. La mejor manera de influir en los demás es siendo un ejemplo. Conviértete en lo que quieres que otros sean.

16 de marzo

Tus creencias no son más que contratos mentales que has firmado contigo mismo y que estipulan las circunstancias en las que te encuentras. Algunas personas creen que están demasiado ocupadas para abrazar a sus hijos varias veces al día y expresarles su amor. Al no hacerlo, han firmado un contrato consigo mismas en un intento de justificar ese «hecho». Otras personas creen que nunca podrán disfrutar de una gran vida porque han tenido un pasado demasiado difícil. Al hacerlo, han firmado un contrato consigo mismas, resignándose a vivir en función de ese «hecho».

La grandeza personal

17 de marzo

Lo que te impide avanzar en la vida no es quién eres, sino lo que crees que no eres. Lo que te impide disfrutar de todo lo que quieres en el mundo exterior es lo que sucede en tu mundo interior. En cuanto comprendas plenamente este concepto y te pongas manos a la obra para liberar tu mente de todos esos pensamientos que la limitan, verás casi de inmediato cómo mejoran tus circunstancias personales.

18 de marzo

La felicidad no llega cuando consigues determinadas cosas. Llega cuando tienes determinados pensamientos y sentimientos. La felicidad no es más que un estado mental que creas según cómo proceses e interpretes los acontecimientos de tu vida.

La grandeza personal

19 de marzo

Existen cuatro dimensiones de tu yo auténtico que debes despertar para volver a estar completo: la mente, el cuerpo, el corazón y el espíritu. Cuando despiertes estas cuatro dimensiones, recordarás quién eres realmente.

La grandeza personal

20 de marzo

Al leer el libro de otra persona vemos un reflejo de su verdad. Cuando escuchamos a un orador en un seminario percibimos su verdad, su filosofía del mundo y de la vida. Esto puede resultarte útil en este estadio de tu viaje. Aprender lo que piensan otros te ayudará a descubrir lo que piensas tú realmente. Pero no cometas el error de creer que la verdad de otra persona es necesariamente la tuya. El verdadero éxito llega cuando vives según tu propia filosofía. Confía en ti mismo para llegar a alcanzar lo que sueñas.

La grandeza personal

21 de marzo

Una de las leyes naturales que gobiernan el mundo es que cuando te concentras en lo que no quieres para tu vida, bloqueas aquello que sí deseas tener. Aquello a lo que dediques tu atención crecerá en tu vida. Céntrate en lo que no quieres y lo obtendrás en mayor cantidad.

La grandeza personal

22 de marzo

Los sentimientos son como las tormentas, con un principio, un punto álgido y un final. Si las sofocamos, se infectarán como una herida. Si les prestamos atención y las sometemos a la luz de nuestra consciencia, pasaremos por ellas y permitiremos que se manifiesten plenamente. Entonces avanzaremos por el camino que nos lleva a una salud cada vez mejor.

La grandeza personal

23 de marzo

Como seres humanos, siempre tomamos decisiones. Todos nosotros tenemos más opciones de las que somos conscientes. Pensamos que en esta vida estamos tan limitados que solo podemos vivir y hacer lo que hacemos. Ese no es más que otro ejemplo del lenguaje que tienden a usar las víctimas. De ti depende siempre hasta qué punto del camino que te lleva de tu yo social a tu yo auténtico quieres avanzar. Cuando asumes tu responsabilidad por aquello que no funciona en tu vida y, valientemente, empiezas a dar pasos para mejorar lo que necesitas mejorar, empiezan a abrirse unas puertas que ni siquiera sabías que existían.

24 de marzo

Para recorrer el camino que te lleva a la verdad y a tu despertar hace falta paciencia. Puede que tu ritmo no sea el mismo
que ha elegido la vida.

25 de marzo

Eres mucho más grande de lo que jamás hayas soñado. Además, da igual lo que estés experimentando ahora mismo en tu vida; confía en que todo es bueno y favorece a tus intereses. Puede que no te lo parezca, pero es exactamente lo que necesitas para aprender a crecer y convertirte en la persona que estás destinada a ser. Todo lo que sucede en tu vida es fruto de una orquestación perfecta para inspirar tu máxima evolución como ser humano y darte acceso a tu verdadero poder. Aprende de la vida y permite que te lleve donde debes ir; ella solo piensa en lo que es mejor para ti.

26 de marzo

El Principio de la Abundancia sostiene que cuanto más des a otros, más acabarás recibiendo tú. He descubierto que si quieres más abundancia y prosperidad en tu vida, necesitas dar más. La abundancia es una energía que circula por el mundo, y cuanta más propagas, más volverá a tus manos. A las personas que hacen el bien siempre les suceden cosas buenas.

27 de marzo

Sé paciente y vive sabiendo que todo aquello que buscas llegará a ti si te preparas y lo esperas. Ya se acercan las respuestas. Relájate.

El destino y el propósito de la vida

28 de marzo

La mente anhela un poder externo, ese tipo de poder que se fundamenta en cosas mundanas —en lugar de internas—, como el dinero, la posición social y las posesiones. El problema con el poder externo es que es transitorio; cuando pierdes el dinero, la posición y los bienes, pierdes el poder. Si tu identidad depende de tales cosas, cuando estas desaparezcan también perderás la noción de quién eres. El único poder que vale algo es el poder auténtico: el que procede de tu interior.

El destino y el propósito de la vida

29 de marzo

El corazón vive el momento presente, porque sabe que es ahí donde hay que vivir. Al corazón le interesa sanarte para que seas una persona plena, que siente amor, compasión, que comprende y sirve a otros seres humanos. Es consciente de que, de un modo invisible, todos estamos conectados, que todos somos hermanos y hermanas de la misma familia y que la felicidad nace de dar y ayudar a los demás a crecer, para que alcancen su máxima expresión como personas.

30 de marzo

Hasta la fecha, la mayor parte de nuestra evolución como seres humanos se ha concentrado en lo físico, lo externo. Hasta ahora, todo ha consistido en acumular y atesorar. El valor dominante ha sido «el que tiene más es quien gana»; el que es más famoso, el que tiene la mayor fortuna, el que ostenta más poder sobre los demás. En consecuencia, se trata de «la supervivencia del más fuerte»: todo gira en torno a la competición. Pero esta filosofía ya no nos sirve como raza. Nace de la escasez. Y tras ese concepto de escasez acecha el miedo. Dado que nuestras intenciones y lo que pensamos crean lo que vemos en el mundo exterior, todo lo que vemos es carestía: nunca habrá suficiente para nosotros. De modo que así empieza el ciclo debido al cual nunca nos parece que tenemos suficiente y jamás somos felices.

El destino y el propósito de la vida

31 de marzo

A partir de hoy, toma el control absoluto de tu vida. Decide, de una vez por todas, ser el dueño de tu destino. Corre tu propia carrera. Descubre tu vocación y empezarás a experimentar el éxtasis de una vida inspirada.

Abril

El destino y el propósito de la vida

El destino y el propósito de la vida

1 de abril

Como seres humanos, nuestra tendencia es decir a la vida que escuche nuestros deseos. Pero la vida no funciona así. Nos concede lo que necesitamos, lo que es mejor para nosotros, lo que mejor responde a nuestros intereses. Tu vida funcionará mucho mejor si empiezas a escucharla. En lugar de llevar el timón, deja que sea ella la que te guíe.

El destino y el propósito de la vida

2 de abril

Confía en que donde te lleva la vida es exactamente donde debes estar. No ofrezcas resistencia y adopta una actitud de entrega frente a todo lo que suceda. Hacer esto es una de las maneras de garantizar que recorrerás el sendero de tu destino, tu verdadero camino.

3 de abril

Uno de los mayores remordimientos que puede tener una persona consiste en llegar al final de su vida y darse cuenta de que no ha cumplido sus sueños. Llegar al final de la vida, o incluso a la mitad, abrir los ojos un día y darte cuenta de que no has sido valiente, que no intentaste alcanzar las estrellas, que no aprovechaste ni el diez por ciento de tu potencial, te romperá el corazón.

4 de abril

El pasado es una tumba, y no tiene sentido pasarse la vida yaciendo en ella. Cada final representa un nuevo comienzo. O, por decirlo de otro modo, en la vida no puedes avanzar si mantienes la vista fija en el espejo retrovisor.

5 de abril

La mayoría de las personas no descubren en qué consiste la vida hasta que están a punto de morir. Mientras somos jóvenes nos esforzamos constantemente para cumplir las expectativas sociales. Estamos tan ocupados persiguiendo los grandes placeres de la vida que nos perdemos los pequeños, como bailar descalzos junto a nuestros hijos en un parque un día de lluvia, o plantar rosas en el jardín, o ver salir el sol. Vivimos en una era en la que hemos conquistado las más altas montañas, pero aún debemos conquistarnos a nosotros mismos. Tenemos edificios más altos pero menos paciencia, más posesiones pero menos felicidad, mentes más llenas pero vidas más vacías. No esperes a estar en el lecho de muerte para descubrir el sentido de la vida y el papel precioso que tienes que desempeñar en ella.

6 de abril

Nadie descubre su destino. Tu destino te descubrirá a ti; te encontrará siempre que hayas hecho los preparativos y el trabajo interno necesarios para aprovechar la ocasión cuando se presente.

El destino y el propósito de la vida

7 de abril

Deja de preocuparte por encontrar tu destino. Dedícate a conocerte a ti mismo. Derriba la fachada que presentas al mundo y haz el trabajo interno que necesitas para saber quién eres realmente.

8 de abril

La mayoría de nosotros sabemos qué necesitamos para tener una vida más feliz, sana y plena. El verdadero problema es que no hacemos lo que sabemos. La marca de un carácter excepcional no radica en hacer solo lo que es divertido o sencillo. La señal de una autoridad moral profunda se manifiesta en el individuo que, coherentemente, hace lo que debe en lugar de lo que le apetece, realizando impecablemente lo que es importante.

9 de abril

Confía aunque la noción del tiempo para ti no sea necesariamente la de la naturaleza. Fluye en el proceso. No tienes por qué conocer todas las respuestas, al menos por el momento. Cuando estés listo para aprender una nueva lección, llegará. ¿Qué gracia tendría conocer todos los entresijos del argumento de una película cuando solo has visto la mitad?

10 de abril

Son demasiadas las personas que no soportan pensar que sus planes y objetivos no se desarrollarán como habían esperado. Esa forma de pensar refleja un problema de control por su parte. A menudo, tras esa necesidad de controlarlo todo se encuentra el miedo. La vida reserva para ti unos planes mejores de lo que puedes imaginar.

11 de abril

Sí, elabora planes y fíjate metas. Trabaja duro y lucha por lo que deseas. Esto forma parte de ser una persona responsable; es cierto que tener una intención hará que alcances muchos de tus objetivos. Pero no te aferres a tus planes y objetivos con demasiado afán. A menudo el universo te enviará un regalo con un envoltorio inesperado.

12 de abril

A menos que reduzcas tus necesidades, nunca te sentirás realizado. Siempre serás como aquel jugador de Las Vegas que se queda junto a la rueda de la ruleta «solo una vez más», con la esperanza de que salga el número que le traiga suerte. Siempre querrás más de lo que tienes. La felicidad perdurable nace de trabajar y de hacer tu parte para que se cumplan tus sueños. La clave es no permitir que tu felicidad dependa de encontrar ese escurridizo tesoro escondido al final del arco iris. El viaje siempre es mejor que el lugar de destino.

13 de abril

En tu interior se encuentran el sol, la luna, el cielo y todas las maravillas del universo. La inteligencia que creó esas maravillas es la misma que te creó a ti. Todas las cosas que te rodean proceden de la misma fuente. Todos somos uno.

14 de abril

Cuando alimentas tu mente y tu espíritu, en realidad estás nutriendo el Alma de la Vida. Cuando mejoras tu ser, mejoras también la vida de quienes te rodean. Y cuando tienes el valor de avanzar con confianza hacia tus sueños, empiezas a aprovechar el poder del universo.

15 de abril

Cuando estés listo para recibir una lección determinada, descubrirás la experiencia o a la persona perfecta que te permitirá aprender esa lección. Una vez la aprendas, pasará un tiempo antes de que puedas asimilarla. No hay prisa. Es un viaje hermoso. Confía en que donde te encuentras, sea donde sea, es precisamente donde debes estar.

El destino y el propósito de la vida

16 de abril

Renuncia a tu necesidad de controlar el curso de tu destino, porque, por mucho que lo intentes, no puedes hacerlo. Es cierto que puedes tomar decisiones sabias que tendrán un impacto. Pero, en última instancia, no tienes el control. ¡Los seres humanos somos tan arrogantes! Pensamos que somos más inteligentes que el universo, que ese universo que creó las puestas de sol y el arco iris, las estrellas y la luna. Pensamos que sabemos qué nos conviene mejor que la fuente que creó todo lo que existe.

17 de abril

Si sigues optando por crecer y caminar hacia tus miedos, cada vez alcanzarás estadios más elevados de libertad personal y de grandeza individual. Serás capaz de descubrir en qué consiste realmente la vida. Empezarás a descubrir las verdades universales y las leyes naturales que gobiernan el funcionamiento del mundo. Una vez las conozcas, podrás seguir optando por alinearte con ellas. Y cuando te alineas con las leyes naturales que gobiernan el mundo, automáticamente tu vida funciona.

El destino y el propósito de la vida

18 de abril

Por lo general, las cosas que más valoramos cuando tenemos veinte, treinta o cuarenta años se convierten en las que menos valoramos al final de nuestra vida. Y todas aquellas cosas que tantos valoran tan poco, como los vínculos personales profundos, los actos espontáneos de cariño, la buena forma física, el intento de desempeñar muy bien nuestro trabajo, forjar un legado y encontrar momentos durante el día para intentar que brille lo mejor de nosotros, son las que, al final, resultan las más valiosas.

El destino y el propósito de la vida

19 de abril

Cuando estemos en nuestro lecho de muerte seguro que no querremos tener más dinero en el banco o un coche de lujo aparcado en la puerta. En vez de eso, cuando alguien está a punto de morir desea haber vivido con más valor, más autenticidad y más amor.

El destino y el propósito de la vida

20 de abril

Todos y cada uno de nosotros tenemos una increíble capacidad de elegir el modo en el que se desarrolla nuestra vida. Nuestro destino último se forja a base de elecciones específicas. Es como si ese sabio arquitecto de los cielos hubiera trazado un esbozo sencillo de nuestra vida y que nosotros fuéramos los responsables de añadirle los detalles.

21 de abril

No cabe duda de que, como seres humanos, no podemos controlar todo lo que nos sucede; eso forma parte del destino. La vida discurre por su propio cauce. Pero lo que sí podemos controlar enormemente es la forma en la que respondemos a lo que la vida pone en nuestro camino. En eso consiste la colaboración: haz lo mejor que puedas (lo mejor que sepas en todas las facetas de tu vida) y luego deja que la vida haga el resto. En realidad se trata de un delicado equilibrio entre hacer que suceda y dejar que suceda.

22 de abril

La verdad es que en casi todas las ocasiones somos nosotros quienes construimos nuestra suerte, y, por lo general, a la gente que hace cosas buenas le ocurren cosas buenas. Pero una vez hayas hecho todo lo que puedas, déjate llevar y confía en que todo lo que llega a tu vida es perfectamente adecuado para el crecimiento que te hará evolucionar y alcanzar la máxima expresión de tu ser.

El destino y el propósito de la vida

23 de abril

Muchos de los caminos que llevan a que nuestra vida sea mejor ya están escritos de antemano.

El destino y el propósito de la vida

24 de abril

Una de las antiguas leyes de la humanidad que más perdura es que no vemos el mundo tal como es, sino tal como somos nosotros. Mejorando, perfeccionando y definiendo quiénes somos, vemos el mundo desde un punto de vista más elevado y diáfano. Al tener el control de nuestra vida, vemos el mundo con sus posibilidades ilimitadas y su potencial, y lo hacemos desde la cima de la montaña, no desde la base.

El destino y el propósito de la vida

25 de abril

Son muchos los caminos que conducen a la cima del monte de la paz.

El destino y el propósito de la vida

26 de abril

Del mismo modo que hay muchas rutas por las que puedes ir a casa desde tu trabajo, hay muchas rutas que puedes seguir para llegar a tu vida superior, esa vida a la que estás destinado; llegar allí también es una especie de regreso al hogar. Hay muchos trabajos que puedes hacer y que te llevarán a tu destino. De forma parecida, hay muchas almas gemelas disponibles, cada una de las cuales te ofrecerá lecciones distintas, pero siempre para ayudarte a crecer y despertar tu yo interior. Llegar al hogar, a ese lugar luminoso, de amor y ausencia de miedo que ya habías olvidado, es el motivo de tu existencia. Ahora, depende de ti elegir el camino que seguirás mientras intentas llegar a tu vida auténtica. Seguir determinado camino puede conllevar que tardes más tiempo en llegar. En cambio, otro puede ser una autopista a tu destino; un viaje placentero con cielos despejados. Todo depende de ti. En gran medida, el camino que sigas quedará determinado por las decisiones que tomes en cada instante, cada día. Eres coautor del guión que ya se ha escrito sobre la historia de tu vida.

El destino y el propósito de la vida

27 de abril

Haz el bien, sé bueno. Este mundo en el que vivimos se rige por una serie de leyes naturales inmutables, leyes creadas por la misma fuerza de la naturaleza que construyó el mundo y te envió a él. No puedes jugar al golf si desconoces las reglas. Pues bien, la vida es como un juego. Y para poder jugar —y ganar— es esencial que aprendas las reglas. Vive en consonancia con ellas, y tu vida funcionará.

28 de abril

La vida quiere que ganes. ¿Lo sabías? Solo debes salir de tu rutina y averiguar las reglas del juego tan deprisa como puedas. Aprender esas reglas supone un esfuerzo, una reflexión profunda en un lugar tranquilo y la voluntad genuina de ser un filósofo.

29 de abril

Todo aquel que tenga la esperanza de transitar por el camino de su destino para llegar a su vida superior tiene que desarrollar el aprecio por la sabiduría y el anhelo de comprender en qué consiste la vida. Este mundo sería un lugar mucho mejor si empezásemos a considerarnos filósofos, participantes reflexivos y astutos en el proceso de esculpir vidas más brillantes y con más sentido.

30 de abril

Determina tus actos cotidianos siguiendo las leyes naturales intemporales, y automáticamente te hallarás en el camino más rápido para llegar a tu vida superior. Haz caso omiso de ellas y tendrás que recorrer el camino más largo hacia tu casa.

Mayo

El destino y el propósito de la vida
La autenticidad

El destino y el propósito de la vida

1 de mayo

Las leyes naturales han determinado el funcionamiento del mundo desde sus orígenes. Incluyen principios básicos como «ayuda siempre a otros a obtener lo que desean mientras tú obtienes lo que quieres»; «sé intachablemente íntegro»; «vive el momento presente»; «conviértete en la persona más amable que conoces»; «hazlo lo mejor que puedas y aspira a la excelencia en todo lo que hagas»; «sé fiel a ti mismo» y «atrévete a soñar». La mayoría de nosotros conocemos esos principios, pero pocos los aplicamos.

2 de mayo

Mientras Platón estaba en su lecho de muerte, un amigo le pidió que resumiera la gran obra de su vida, los *Diálogos*. Después de reflexionar mucho, él le contestó con solo dos palabras: «Practica morir». Los antiguos pensadores tenían un dicho que expresaba la idea que expuso Platón, pero con otras palabras: «La muerte debería estar aquí mismo, ante los ojos de quienes son jóvenes, tanto como ante aquellos de los que son muy ancianos. Por consiguiente, habría que organizar cada día como si fuera el que cierra la marcha, el que completa y pone fin a nuestra vida». El tiempo es un bien de consumo de lujo, y el mejor momento para vivir una vida más rica, sabia y plena es ahora.

3 de mayo

La vida no ignora los deseos de tu corazón. La parte del plan escrita para ti nunca te incitaría a hacer nada que te perjudicara. La idea general es que seas feliz. Tu destino nunca te obligará a hacer algo que te haría infeliz.

4 de mayo

Recuerda que no todo saldrá como te gustaría. Hay una inteligencia superior, cuya lógica a menudo no podemos entender. Pero si sigues haciéndolo lo mejor que puedas y dejas que la vida haga el resto, si aceptas lo que venga sabiendo que será para tu bien, la vida se desarrollará de forma maravillosa. De hecho, mejor de lo que esperabas.

5 de mayo

A los seres humanos se les ha dado libre albedrío por un motivo: dar los pasos necesarios para llevar a la práctica nuestros sueños y nuestros destinos. Hay muchas lagunas que tenemos la capacidad de llenar, y muchos puntos que conectar. Debes invertir el esfuerzo, y hacer los sacrificios necesarios para vivir la vida de tus sueños. El trabajo duro, la disciplina y mejorar día a día son elementos esenciales para destacar en la vida.

El destino y el propósito de la vida

6 de mayo

Cada segundo que vives en el pasado se lo estás robando a tu futuro. Cada minuto que pasas dando vueltas a tus problemas no lo inviertes en encontrar soluciones para ellos. Pensar en todas aquellas cosas que desearías que no te hubieran sucedido es, en realidad, lo que impide que lleguen a tu vida todas las cosas que te gustaría que pasaran.

7 de mayo

Una vez hayas hecho tu parte lo mejor que puedas, relájate y acepta lo que venga. Hiciste todo lo posible. Actuaste responsablemente, diste los pasos pertinentes y tomaste las mejores decisiones que estaban en tu mano. Ahora deja que el poder superior se ocupe de conducirte adonde estabas destinado a llegar. Deja que la vida te lleve al camino de tu destino.

El destino y el propósito de la vida

8 de mayo

La plenitud profunda no procede de la acumulación de objetos, sino de realizarnos como personas. La vida no consiste en reunir cosas hermosas, aunque no tiene nada de malo hacerlo. Pero las metas materiales no deberían ser el propósito que guíe tus días. Si lo es, si sacrificas estar con tu familia y crecer como persona para dedicarte a la búsqueda de objetos, llegará un día en el que te verás sumido en un estado lamentable.

9 de mayo

Con el paso del tiempo, la confusión siempre da paso a la claridad, y llega un momento en el que tu entendimiento asimila de forma maravillosa todo lo nuevo que has aprendido. Este es el principio de la verdadera sabiduría. Celebra tu confusión, porque no es más que un reflejo de tu crecimiento. Siempre provoca cierto caos abandonar el Puerto Seguro de lo Conocido y aventurarse en la búsqueda de Nuevos Océanos.

10 de mayo

Cierto día, un sabio se encontró en la calle con un mendigo. El mendigo, sin saber quién era el sabio, le detuvo y le formuló tres preguntas: ¿Por qué estás aquí? ¿Adónde vas? ¿Hay algún motivo importante por el que vas allí? El sabio se quedó mirando al mendigo y le preguntó cuánto dinero solía reunir al día. Cuando escuchó la respuesta sincera del mendigo, el sabio le contestó: «Por favor, ven a trabajar para mí. Te pagaré diez veces esa cantidad a cambio de que me formules esas tres preguntas antes de que me ponga a meditar, a primera hora de cada mañana».

11 de mayo

Debemos mantener contacto frecuente con nuestros sueños. Este universo en el que vivimos es un lugar amigable, y no seríamos capaces de tener un sueño si no dispusiéramos también de la capacidad para hacerlo realidad. Así que sigue buscando tiempo para pensar en tus sueños y en tus proyectos más anhelados.

12 de mayo

Cuando un buscador que sigue el sendero de vuelta a su verdadero yo —su destino— toma la decisión de caminar siempre hacia la vida que le ha sido reservada, inevitablemente llegará a un punto en el que se dará cuenta de que ahí fuera hay un mundo totalmente distinto al que conocía. Ese es un lugar increíble para un ser humano. Los límites desaparecen; está listo para aprovechar las posibilidades.

El destino y el propósito de la vida

13 de mayo

Cuando abandonas el espejismo que ha sido tu vida y comienzas a ver el mundo tal como es realmente —un lugar de inenarrable belleza—, el ritmo de la sincronía en tu vida aumentará también. Cuanto más coraje y convicción demuestres para vivir la vida que el universo quiere que vivas, más bendiciones te enviará. Te dará luz verde en todos los caminos.

14 de mayo

La vida es una escuela donde se aprende a crecer; fue inventada para darnos la oportunidad de aprender cada una de las lecciones que necesitamos durante el curso de nuestra vida en este mundo. Vivimos en el «Aula Tierra».

El destino y el propósito de la vida

15 de mayo

El pasado es el agua que pasa bajo el puente, y el futuro es un sol distante en el horizonte de tu imaginación. El momento más importante es el ahora. Aprende a vivir en él y a saborearlo plenamente.

16 de mayo

El momento más triste de la vida no es la hora de la muerte, sino el fracaso de no vivir de verdad mientras estamos en el mundo. Demasiados de nosotros vivimos en miniatura, sin permitir jamás que la plenitud de nuestra humanidad vea la luz del día.

17 de mayo

Si no actúas sobre la vida, esta tiene la costumbre de actuar sobre ti. Los días se convierten en semanas, las semanas en meses y, antes de que te des cuenta, tu vida habrá llegado a su fin. La vida es bastante corta, da lo mismo los años que vivas. Antes de que te des cuenta, serás polvo. La moraleja está clara: deja de vivir por inercia y empieza a vivir siguiendo un diseño. Vuelve a meterte en el juego y actúa para crear esa realidad más rica que, en lo profundo de tu corazón, sabes que estabas destinado a encontrar.

18 de mayo

El hecho de que estés formulando preguntas importantes quiere decir que estás creciendo y despertando. Estás saliendo de la multitud, adquiriendo más consciencia. A menudo la forma de encontrar la respuesta correcta es formular la pregunta adecuada. Al hacerlo descubres tu verdad y tu vida auténtica.

19 de mayo

Preguntar desbloquea el conocimiento que ya anida en tu corazón. Formula la pregunta correcta y te prometo que surgirá la respuesta que buscas... cuando sea el momento. Las preguntas son poderosas.

20 de mayo

Hay una ley natural clave: nunca conseguimos más de lo que podemos manejar. El sendero está amorosamente planificado para ti, y nunca recibirás más conocimiento o verdad de los que estés preparado para asimilar. Por tanto, las piezas solo llegan a tus manos cuando estás listo para recibirlas. El alumno debe ser paciente. El paso del tiempo es importante; las respuestas llegarán.

El destino y el propósito de la vida

21 de mayo

No resulta fácil escuchar lo que los cuáqueros definen como «la suave y apacible voz interior», esa guía interior que es tu fuente personal de sabiduría. A menudo es difícil seguir el ritmo de tu propio tambor y escuchar a tus instintos, cuando el mundo que te rodea te presiona para que te ajustes a sus dictados. Sin embargo, para descubrir la plenitud, la abundancia y la grandeza absoluta debes prestar oídos a esas corazonadas y sentimientos que llegan a ti cuando más los necesitas.

22 de mayo

Estás recorriendo un camino que muchas grandes personas han hollado antes que tú. Tu experiencia no es única. Por tanto, conserva la fe y sigue optando por profundizar cada vez más en tu interior. Todas las respuestas que buscas están dentro de ti.

El destino y el propósito de la vida

23 de mayo

La vida es un hermoso tapiz que se ha tejido a la perfección. A menudo no recibimos lo que queremos, pero siempre obtenemos lo que necesitamos. Siempre conseguimos lo que más nos conviene. Esa es una de las grandes lecciones de la vida.

El destino y el propósito de la vida

24 de mayo

Ningún libro puede siquiera acercarse a enseñarte lo que te enseña la vida si la vives con los ojos bien abiertos y estás atento a sus lecciones. Arriesgarse es vivir. Llevamos vidas pequeñas, pensando que esa es una manera segura de vivir, cuando en realidad se trata de la actitud más peligrosa de todas. En el Puerto Seguro de lo Conocido no hay seguridad. Eso no es más que un espejismo que nos cautiva. Y puede hacer que malgastemos una buena vida.

El destino y el propósito de la vida

25 de mayo

Una oruga no puede pasarse la vida metida en el capullo.
Cuando llega el momento adecuado, la mariposa debe salir a
la luz. Confía en el ciclo vital de la naturaleza, porque esta no
se guía por el mismo reloj que tú. Recuérdalo siempre. Tu
dolor pasará; siempre pasa.

26 de mayo

Existe una coherencia deslumbrante que gobierna nuestras vidas. Cuanto más dejemos de intentar forzar un resultado y nos limitemos a dejarnos llevar, más aparecerá la magia que debe surgir en nuestra vida. Intentar hacer que pasen las cosas, forzar los resultados sin equilibrar nuestra actitud con la voluntad de dejar que las cosas sucedan por sí solas, no es más que un deseo de controlar.

27 de mayo

No todo aquel que camina por el sendero que lleva al hogar llegará a su destino. La mayoría no lo consigue. Pero cada día que pasa nos ofrece la oportunidad de acercarnos un poco más al ideal y convertirnos un poco más en aquellas personas que siempre debimos ser. Cada día que pasamos en el camino nos aporta mayores bendiciones y más poder personal... si los buscamos. El poder auténtico que reclamas cuando trabajas en ti mismo nunca podrán arrebatártelo. Lo conservarás toda la vida.

28 de mayo

Los recién nacidos representan la perfección y el estado al que todos tenemos la obligación de regresar. Cuando naciste eras valiente, sentías un amor puro, eras inocente, infinitamente sabio, tenías un potencial ilimitado y estabas bellamente conectado con la mano invisible que creó el universo. Hoy día, la mayoría de los habitantes del mundo hemos perdido esta conexión con nuestro yo auténtico, ese estado original de la existencia en el que no nos daba miedo avanzar hacia la posibilidad e intentar alcanzar las estrellas. Hemos olvidado quiénes somos.

29 de mayo

Todos y cada uno de nosotros tenemos una cara luminosa y otra oscura. Todos tenemos faltas que arreglar y heridas en nuestro interior que reclaman que las sanemos. Cada uno de nosotros tiene un alma astillada. Ese estado de imperfección es, en realidad, lo que nos hace humanos.

30 de mayo

Tú eres un buscador, como lo son muchos otros habitantes de este planeta. El mundo se está transformando, a medida que las personas que antes se contentaban con vivir unas vidas ordinarias salen de ese espacio en el que se sentían cómodas para explorar el mundo salvaje de lo extraordinario. La gente ya no se conforma con vivir a medias, desconectada de su verdadero poder. Quieren vivir a lo grande, remontarse por encima de las nubes, caminar entre gigantes, bailar con las estrellas.

La autenticidad

31 de mayo

Si quieres mejorar tu vida y vivir con todo lo que mereces, debes correr tu propia carrera. No importa lo que los demás digan de ti. Lo importante es lo que tú te digas, que te sientas cómodo en tu piel. Sé fiel a ti mismo. Esa es la clave de la felicidad.

Junio

La autenticidad
La superación de la adversidad y del desengaño

La autenticidad

1 de junio

Todo ser humano necesita encontrar tiempo para formular su filosofía de vida; es una de las cosas más importantes que puede hacer una persona. Cada uno de nosotros, para vivir verdaderamente, debe definir cómo quiere hacerlo y cómo debe ser esa vida más grande. Tenemos que anotar ese proyecto en un papel que podamos releer cada mañana, mientras el resto del mundo duerme. Ese propósito funcionará como una brújula moral que dirija las elecciones que hagamos durante el día, y servirá de ancla que nos afirme en nuestros mejores avances. Sin plasmar esa filosofía, vivirás por accidente, reaccionando a medida que las cosas vayan surgiendo.

2 de junio

La mayoría de las personas pasan más tiempo planificando las vacaciones estivales que su vida. Sé reflexivo sobre tu vida. Pregúntate: «¿Cómo se supone que debo vivir?». Cuestiona lo que se supone que debes hacer, qué cosas no piensas seguir tolerando en tu vida y por qué baremos de excelencia te guiarás.

3 de junio

De niños, somos realmente perfectos. Aún estamos conectados a la fuerza que creó el mundo. Pero a medida que envejecemos, adoptamos los temores del mundo que nos rodea. Queremos que nuestros padres nos quieran, nos adoren. Por tanto, los tomamos como modelo y adoptamos sus miedos, sus creencias limitadoras y sus falsas hipótesis, para parecernos más a ellos. Todo lo que hacemos es porque necesitamos amor. Quien eres en este momento no es tu verdadero yo. Se trata de alguien en quien te has convertido como consecuencia de estar en este mundo. Para disipar todos esos temores que has adoptado del mundo que te rodea, es necesario que mires atrás y analices la fuente de esos miedos. Luego tendrás que trabajarlos hasta que ya no formen parte de tu psique.

La autenticidad

4 de junio

Si no sabes quién eres y qué es lo que realmente quieres ser, ¿cómo podrás reconocer tu destino y apropiarte de él cuando se te presente? Conócete y tu destino te encontrará. La claridad precede al control.

5 de junio

Las personas que tienen un éxito genuino nunca intentan ser como otras. Intentan ser superiores a su antiguo yo. No compitas con los demás, sino contra ti mismo. Decide ser mejor de lo que eras ayer, y verás cómo en tu vida suceden cosas extraordinarias.

6 de junio

No hay una sola alma en este mundo que no tenga algún miedo que le impide alcanzar su verdadero potencial. La misma condición de ser humano conlleva imperfección, y buena parte de esta se fundamenta en los miedos que hemos acumulado mientras abandonábamos la perfección de nuestra naturaleza original y empezábamos a movernos por el mundo.

La autenticidad

7 de junio

Deja de doblegarte ante las demandas de la presión social a costa de tu unicidad. Si estudias las vidas de las personas más exitosas y respetadas del mundo, te darás cuenta de que no les importaba lo que los demás pensaran de ellas. En lugar de permitir que la opinión pública dictase sus actos, tuvieron el valor de dejar que sus corazones las guiasen. Y al transitar por el camino menos frecuentado, hallaron un éxito que superó todos sus sueños. El éxito auténtico no es un concurso de popularidad.

La autenticidad

8 de junio

Exige mucha fuerza salir del rebaño y ser fiel a tu auténtica naturaleza. Pero en eso consiste el liderazgo: en abandonar la multitud y ser fiel a tu verdadero yo. Correr tu propia carrera. Vivir tu verdad.

9 de junio

Ya somos todo aquello que siempre habíamos soñado ser. Lo único que ocurre es que lo hemos olvidado por el camino. Por tanto, el objetivo principal no es evolucionar para convertirnos en algo nuevo. La meta final consiste en descubrir realmente quiénes somos y afirmarnos en todo aquello que estamos destinados a ser.

10 de junio

No hay una sola persona en este planeta que necesite mejorar; nadie puede mejorar la perfección. Cualquier insinuación de que debemos hacerlo solo consigue que nos sintamos más culpables por no ser lo que podríamos ser. El deber de todo ser humano no es mejorar personalmente, sino recordar lo que es. Recordarse a uno mismo supone reclamar el estado existencial y el poder auténtico que perdimos cuando dejamos el estado ideal de recién nacidos y nos aventuramos en este mundo nuestro lleno de temores, un mundo que nos estropeó por el camino.

La autenticidad

11 de junio

Nada es más importante que tener el coraje de vivir tu vida.

12 de junio

La mayoría de las personas que viven entre la multitud nunca pulsan el botón de «pausa» en su vida, ni se detienen un solo minuto para reflexionar sobre por qué están aquí y qué están destinadas a hacer. El liderazgo y el éxito personal requieren que seamos más reflexivos que las personas ordinarias. Deja de estar ocupado en estar ocupado. Vuélvete más reflexivo.

13 de junio

A medida que avances por este sendero que conduce a tu vida auténtica, cuando salgas del rebaño y empieces a vivir según tus valores, tus creencias y los deseos de tu corazón, tú, un buscador, alcanzarás inevitablemente el «punto elegido». Cómo respondas al llegar a este punto supondrá la gran diferencia para el desarrollo del resto de tu vida.

14 de junio

El propósito de la vida consiste en recorrer el camino a casa, a la plenitud; regresar a un lugar de integridad, a tu yo auténtico, que es aquel que no tiene miedo, que todo lo sabe y que siente un amor ilimitado.

La autenticidad

15 de junio

El proceso mediante el cual abandonamos nuestro yo auténtico y nos convertimos en personas que no somos —adoptando creencias, valores y conductas de quienes nos rodean— se conoce como aculturación. A medida que abandonamos nuestro verdadero yo, transformándonos en nuestro ser social, empieza a abrirse un abismo. Dejamos atrás nuestra verdadera naturaleza y adoptamos la falsa máscara de la personalidad.

La autenticidad

16 de junio

Cuanto mayor sea el abismo entre quien somos de verdad y la persona pública que presentamos al mundo, menos funcionará nuestra vida, y menor alegría experimentaremos. ¿Por qué? Porque si nos traicionamos no podemos ser felices.

La autenticidad

17 de junio

La oscuridad únicamente es la ausencia de luz; una vez proyectes la luz de la consciencia y el entendimiento humanos sobre los rincones más oscuros de tu ser, te convertirás en una persona llena de luz. Donde había miedo, habrá amor. Recuerda lo que significa estar «iluminado»: ser alguien lleno de luz.

La autenticidad

18 de junio

Con cada paso que das para ser amor cuando el miedo quiere adueñarse de ti, reclamas y recuerdas tu naturaleza originaria. Cada cosa que haces para presentar ante el mundo tu yo superior tiene el efecto correspondiente de ayudarte a recuperar una parte más del poder auténtico con el que naciste.

La autenticidad

19 de junio

La mayoría de nosotros pasamos toda la vida llevando una máscara social que oculta nuestra verdadera personalidad. En lugar de mostrar todos los colores de nuestra humanidad, nos esforzamos por esculpir una imagen de la persona que creemos que el mundo quiere que seamos. Decimos cosas que otras personas quieren oír, llevamos la ropa que otros quieren que nos pongamos, hacemos cosas que otros esperan que hagamos. En lugar de vivir la vida a la que hemos sido destinados, acabamos viviendo las vidas de otras personas. Y, al hacerlo, morimos lentamente.

La autenticidad

20 de junio

Busca tiempo para conectar con tu faceta más lúdica, con el niño que llevas dentro. Dedica tiempo a estudiar las cualidades positivas de los niños, e imita su capacidad de conservar su energía, su imaginación y su habilidad para vivir plenamente el momento, independientemente de lo que suceda a su alrededor.

La autenticidad

21 de junio

Todas las grandes tradiciones de sabiduría del mundo han llegado a la misma conclusión: para volver a conectar con quien eres realmente como persona y para llegar a conocer la gloria que hay en tu interior, debes encontrar el momento de guardar silencio, y hacerlo regularmente. Sí, ya sé que estás ocupado, pero, como dijo Thoreau: «No basta con estar ocupado; las hormigas también lo están. La pregunta es: ¿en qué te ocupas?».

La autenticidad

22 de junio

A medida que vayas cubriendo más etapas del camino hacia el dominio de ti mismo, irás desarrollando tu propia filosofía sobre cómo funciona la vida y el lugar que ocupas en ella. Elegirás las verdades de otros que despierten ecos en tus rincones más profundos. Integrarás en tu vida la sabiduría de otros que te parezca válida, y descartarás aquellas ideas que no te digan nada y que no parezcan tener sentido. Al hacerlo, forjarás un código propio y tu constitución personal para vivir la vida en su máxima expresión. Es entonces cuando empezarás a brillar.

La autenticidad

23 de junio

Cuando despertamos al espíritu, alimentamos nuestro ser superior. Este proceso no es igual para todos. Para algunos, el espíritu supone orar. Para otros, cuidar del espíritu se reflejará en estar en comunión con la naturaleza o escuchar música emotiva. Para otros, despertar al espíritu pasa por servir, por ofrecerse voluntarios, por vivir para un proyecto más grande que ellos mismos.

La autenticidad

24 de junio

Las personas sabias se recuerdan a sí mismas que cada día de su vida podría ser el último. Al pensar así, se comprometen a amar en vez de a temer durante todas las horas del día. Y optan constantemente por dejar de ser ordinarias y convertirse en extraordinarias, incluso cuando les resulta difícil.

La autenticidad

25 de junio

Cuanto más profundamente nos conozcamos, más fácilmente podremos tomar decisiones auténticas para hacer el viaje de vuelta a aquel lugar que siempre hemos conocido, nuestro yo interior, ese lugar donde siempre hemos querido estar. Sobre la entrada de los templos grecorromanos de la Antigüedad a menudo se podía leer la siguiente inscripción: «Conócete a ti mismo y conocerás los secretos del universo y de los dioses».

La autenticidad

26 de junio

En ocasiones, el crecimiento llega por caminos difíciles. Pero el crecimiento siempre es bueno. Si pudieras contemplar tu vida desde una altura de quince mil metros, verías que todo lo que sucede en ella es muy hermoso. De hecho, tiene un valor incalculable.

La autenticidad

27 de junio

Tenemos miedo, literalmente, de quiénes somos. Tememos nuestra luz. Nos asusta nuestro brillo. Nos amedrentan las grandes posibilidades. Tenemos miedo de andar con la cabeza bien alta y dejar que nuestra luz ilumine el mundo. Los grandes dones conllevan grandes responsabilidades. La mayoría de las personas no quieren ver sus dones porque no quieren aceptar la responsabilidad que conllevan: la responsabilidad de vivir sin miedo y de marcar una diferencia en el mundo. Pero al hacerlo, huyen de su grandeza.

La autenticidad

28 de junio

La conversación profundiza la convicción. Cuanto más puedas hablar de las cosas que quieres ser, más capaz serás de dedicarte a hacer lo que hay que hacer. Las palabras tienen poder.

29 de junio

Escuchar los suaves murmullos de los lugares más sagrados del corazón lleva a descubrir —y luego obedecer— las llamadas que provienen de lo más profundo de tu ser. A veces escuchamos esos susurros cuando estamos totalmente conectados con la naturaleza, por ejemplo mientras damos un paseo solitario por el bosque un magnífico día de otoño. Otras veces escuchamos esos murmullos cuando experimentamos el silencio, meditando o recurriendo a otra forma de contemplación. Y hay otras veces en las que esas llamadas nos llegan en los momentos más difíciles y aparentemente desesperados de la vida, como cuando muere un ser querido o cuando se hace trizas uno de nuestros sueños. La clave de la sabiduría está simplemente en: prestar atención y ser consciente de las voces interiores que te conducirán por el camino de tu destino. Escucha lo que tu corazón te dicta que hagas. Comprométete a vivir tu destino para dejar un legado con sentido.

La superación de la adversidad y del desengaño

30 de junio

Tus heridas pueden convertirse en tu sabiduría. Si así lo decides, los obstáculos pueden convertirse en los escalones. No pierdas la oportunidad notable que te ofrecen la adversidad e incluso la tragedia. Incluso las cosas que te rompen el corazón pueden mejorar tu vida.

Julio

La superación de la adversidad y del desengaño

1 de julio

A menudo, justo antes de una gran victoria se sufre una contundente derrota. La clave está en mantener la concentración y no dejar de creer. No tires la toalla.

2 de julio

Da lo mismo lo que suceda en tu vida: eres el único que tiene la capacidad de elegir cómo reaccionar. Cuando te crees el hábito de buscar lo positivo en cualquier circunstancia, tu vida avanzará hacia su dimensión más elevada. Esta es una de las mayores leyes naturales del éxito y de la felicidad.

La superación de la adversidad y del desengaño

3 de julio

En la vida no hay errores, solo lecciones. No existen las experiencias negativas, solo las oportunidades para crecer, aprender y avanzar por el camino del dominio de ti mismo. La fuerza se crea luchando. Incluso el dolor puede ser un maestro maravilloso.

La superación de la adversidad y del desengaño

4 de julio

El sufrimiento siempre ha sido un vehículo para el profundo crecimiento espiritual. Quienes han soportado un gran sufrimiento son, por lo general, las personas que evolucionan y se convierten en grandes seres. Aquellos a quienes la vida ha herido gravemente son, normalmente, quienes pueden sentir el dolor ajeno más rápidamente. A aquellos que han soportado la adversidad la vida los ha hecho más humildes y, en consecuencia, son más abiertos, compasivos y auténticos.

La superación de la adversidad y del desengaño

5 de julio

Puede que el sufrimiento no nos guste cuando viene a visitarnos, pero nos presta un gran servicio: rompe el cascarón que envuelve nuestro corazón y nos vacía de las mentiras a las que nos hemos aferrado, mentiras sobre quiénes somos, por qué estamos aquí y cómo funciona de verdad este mundo nuestro tan sorprendente.

6 de julio

Cuando nos enfrentamos a un mal momento, pensamos que la forma en la que vemos el mundo refleja cómo es de verdad. Es una suposición errónea. Simplemente vemos el mundo desde la perspectiva de la desesperación. Miramos las cosas con unos ojos tristes y sin esperanza. La verdad es que, cuando empecemos a sentirnos mejor, nuestro mundo cambiará de aspecto. Y cuando volvamos a recuperar nuestro estado de alegría interna, nuestro mundo exterior nos devolverá ese sentimiento como un eco.

7 de julio

El mundo es un espejo. No recibimos de la vida lo que queremos, sino quiénes somos. En nuestras vidas hay estaciones, y los sufrimientos nunca se perpetúan. Confía en que el invierno de tu tristeza dará paso al verano de tu alegría, igual que los brillantes rayos del sol matutino siempre llegan tras las horas más oscuras de la noche.

8 de julio

El dolor y la adversidad son vehículos poderosos para fomentar el crecimiento personal. Nada te ayuda a aprender, crecer y evolucionar más rápido. Nada te ofrece una oportunidad mejor para reclamar tu poder auténtico como persona.

9 de julio

No gozarías de la sabiduría y del conocimiento que ahora posees de no ser por los reveses que has soportado, los errores que has cometido y el sufrimiento por el que has pasado. Tienes que darte cuenta, de una vez por todas, que el dolor es un maestro y que el fracaso es el camino que conduce al éxito. No puedes aprender a tocar la guitarra sin equivocarte en algunas notas, y nunca aprenderás a navegar si no vuelcas el barco alguna que otra vez. Empieza a ver tus problemas como bendiciones.

La superación de la adversidad y del desengaño

10 de julio

Es cierto que en nuestros peores momentos estamos dispuestos a llegar a lo más hondo. Cuando la vida nos va bien, vivimos superficialmente; no somos muy reflexivos. Pero cuando las cosas se ponen feas, salimos de nosotros mismos y nos planteamos por qué los acontecimientos se han desarrollado de ese modo. Esto nos conduce a un aprendizaje y a un crecimiento maravillosos. La vida consiste en crecer y en acceder a las personas que debemos ser.

11 de julio

Todos viajamos por caminos distintos para alcanzar nuestro destino definitivo. Para algunos de nosotros el camino es más pedregoso que para otros. Pero nadie alcanza el final sin enfrentarse a algún tipo de adversidad. Así que, en lugar de luchar contra ella, ¿por qué no aceptar que así es como funciona la vida? ¿Por qué no distanciarte de los resultados y, sencillamente, experimentar al máximo todas las circunstancias de tu vida? Siente el dolor y saborea la felicidad. Si nunca has estado en un valle, la vista desde la cima no te resultará tan sobrecogedora.

12 de julio

La adversidad tiende a volvernos más filosóficos. Cuando nos enfrentamos a un reto, empezamos a formularnos las grandes preguntas de la vida, como el porqué del sufrimiento, por qué nuestros planes mejor trazados no salen como esperamos o si la vida está gobernada por la mano silenciosa del azar o por el puño poderoso de la elección.

La superación de la adversidad y del desengaño

13 de julio

Las cosas nunca son tan malas como parecen. Las situaciones que nos entristecen son las mismas que nos ofrecen la fortaleza, el poder y la sabiduría que anidan en nuestro ser.

La superación de la adversidad y del desengaño

14 de julio

No hay nada malo en cometer errores. Forman parte de la vida y son esenciales para crecer. Pero cometer los mismos errores día tras día, una vez tras otra, sí que es un indicio de un grave problema. Demuestra una absoluta falta de conocimiento de uno mismo, que es precisamente la cualidad que separa a los humanos de los animales. Aprende de tu vida y deja que tu pasado te sirva.

15 de julio

De una vez por todas, deja de ser tan duro contigo mismo. Eres un ser humano, y los seres humanos han sido diseñados para equivocarse. Darse cuenta de que todos cometemos errores y que estos son esenciales para nuestro crecimiento y nuestro progreso es liberador. Dejamos a un lado la necesidad de ser perfectos y adoptamos una forma más sensata de contemplar nuestra vida. Podemos empezar a fluir por la vida como un arroyo de montaña fluye por un bosque frondoso, con fuerza pero también con elegancia. Entonces estaremos en paz con nuestra verdadera naturaleza.

La superación de la adversidad y del desengaño

16 de julio

El fracaso consiste en no tener el valor de intentar algo, ni más ni menos. Lo único que separa a muchas personas de sus sueños es el temor al fracaso. Sin embargo, el fracaso es esencial para obtener el éxito en cualquier empresa. Nos ofrece lecciones y nos guía por el sendero del éxito genuino.

17 de julio

Algunas personas aprenden de los errores que otros cometen. Estas son las sabias. Otras sienten que el verdadero aprendizaje solo se consigue con la experiencia personal. Esas personas padecen en el transcurso de su vida unos sufrimientos y una angustia innecesarios.

La superación de la adversidad y del desengaño

18 de julio

Las únicas personas que no tienen problemas ni sufren adversidades están a dos metros bajo tierra. Vivir supone enfrentarse con los problemas, el dolor y el sufrimiento. Son vehículos para el crecimiento, la expansión y un aprendizaje que dura toda la vida. Forman parte de la experiencia humana.

La superación de la adversidad y del desengaño

19 de julio

Las pruebas de la vida no son más que oportunidades para reunir sabiduría y plataformas que nos recuerdan nuestro auténtico poder, siempre que lo decidamos así. Pero no olvidemos que cualquier vida tendrá también su parte de triunfos y de momentos hermosos.

20 de julio

Los momentos difíciles no son eternos. Ningún fracaso es para siempre. Ninguna tristeza dura una eternidad. Cuando pasamos por una adversidad parece que nunca terminará, pero no es cierto. La vida tiene sus estaciones, sus capítulos. En última instancia, los momentos difíciles son aquellos que hacen de nosotros mejores personas.

La superación de la adversidad y del desengaño

21 de julio

Podemos reducir el sufrimiento en nuestra vida si asumimos la responsabilidad absoluta sobre nosotros mismos y si tomamos decisiones sabias todas las horas del día. De esta manera, moldearemos nuestro destino y tendremos la capacidad de vivir una vida más feliz.

22 de julio

Albert Camus escribió: «En mitad del invierno descubrí que en mi interior reinaba un verano invencible». En realidad no descubrimos lo resistentes y poderosos que somos hasta que nos enfrentamos con algún problema que llena nuestra mente de estrés y nuestro corazón de angustia. Entonces nos damos cuenta de que todos tenemos en nuestro interior el valor y la capacidad para superar incluso las curvas más cerradas que la vida ponga en nuestro camino. Los momentos difíciles nos hacen más fuertes.

La superación de la adversidad y del desengaño

23 de julio

Nada de lo que nos sucede en la vida tiene más significado que el que nosotros queramos darle. El dolor y el sufrimiento solo nacen del juicio. Cuando rehusamos enjuiciar y dejamos de etiquetar las cosas como «positivas» o «negativas», y nos limitamos a aceptarlas como oportunidades para evolucionar y convertirnos en nuestro ser superior, nuestras vidas se transforman. Entonces nos llenamos de paz y alegría.

La superación de la adversidad y del desengaño

24 de julio

En realidad las «malas experiencias» no existen, ni las buenas tampoco. La vida, simplemente, es. Y es posible que todo sea bueno.

La superación de la adversidad y del desengaño

25 de julio

En realidad, el sufrimiento en esta vida no es más que la diferencia entre cómo son las cosas y cómo imaginas que deberían ser. Si llegas a aceptar las bendiciones de tu realidad presente sin sentir siempre que tu vida es superficial cuando la comparas con las vidas de otros, habrás dado un paso de gigante para convertirte en una persona más feliz y más sosegada.

La superación de la adversidad y del desengaño

26 de julio

Antes de que un buscador alcance el destino final, su yo superior, tendrá que pasar por una prueba. Antes de alcanzar el tesoro que ha estado anhelando, tendrá que superar un examen. Así es como funciona la vida en el camino. Si estudias cualquier gran libro de sabiduría que describa este viaje hacia el despertar personal, verás que el buscador —o el héroe— siempre se enfrenta a alguna prueba o adversidad justo antes de conseguir el premio: la vida que ha deseado.

27 de julio

La mayoría de las personas tiran la toalla justo antes de alcanzar sus sueños. La mayoría renuncia cuando se halla a tan solo unos pasos de obtener todo lo que deseaba. No dejes que eso te suceda.

La superación de la adversidad y del desengaño

28 de julio

Recuerda que la vida es una serie de estaciones. Todo ser humano tendrá que soportar la dureza de unos cuantos inviernos para obtener la gloria de los mejores veranos. Nunca olvides que los inviernos siempre acaban pasando.

29 de julio

Recuerda, en todo momento, que los mayores sufrimientos nos ayudan a crecer todavía más. Cuando pasamos por ellos, nos duelen. Pero cuando los hemos dejado atrás, también nos curamos. Cuando una jarra de agua cae al suelo y se rompe, lo que había dentro sale al exterior. Cuando la vida te envía una situación de dolor, recuerda que está ahí para ayudarte a que te rompas, de modo que todo el amor, el poder y el potencial que estaban hibernando en tu interior se viertan en el mundo que te rodea. Y, como sucede con un hueso soldado, el punto más fuerte siempre será el de la fractura.

La superación de la adversidad y del desengaño

30 de julio

Cuando pasas por un mal momento sientes el impulso de dejarte llevar. Cuando te enfrentes a la adversidad, ten la disciplina suficiente para mantener tu rutina. Levántate temprano. Dedícate a meditar. Come muy bien. Haz ejercicio. Pasa tiempo en la naturaleza y asegúrate de hacer todo lo posible para mantener en buen funcionamiento tus cuatro dimensiones esenciales: la mente, el cuerpo, el corazón y el espíritu.

31 de julio

Experimenta tus sentimientos. Cuando te enfrentes a una mala racha, algunas personas te dirán: «Ten pensamientos positivos». Ese consejo no es útil. No debemos apresurarnos a transformar un suceso negativo en positivo. Hacerlo te hará caer en la negación. Siente plenamente el dolor, la ira o la tristeza que salen a la superficie de forma natural. Está bien vivir con ellos. En realidad, es saludable. Procesarlos te ayuda a dejarlos ir. Pero no te quedes encallado en ellos. Llora cuando lo necesites. Luego, cuando sea el momento de levantarse y seguir adelante, prosigue tu camino. La vida es para los vivos.

Agosto

La comprensión de la naturaleza humana
El liderazgo
El honor y la fortaleza de carácter
El verdadero éxito

1 de agosto

Solo la gente que siente dolor puede hacer cosas que duelen. Solo quien ha sido herido puede herir a otros. Solo las personas con un corazón cerrado son capaces de actuar sin amor.

2 de agosto

Para vencer, antes hay que ceder. En lugar de oponerse al cambio, hay que fluir con él. La naturaleza del agua es fluir. Sigue la corriente. No se resiste. No duda antes de ceder. Pero también es una de las fuerzas más poderosas del mundo.

3 de agosto

Mantener la calma en un momento de crisis puede ahorrarte años de dolor y angustia. Una estrategia para mantener la calma es lo que yo llamo «la prueba de las tres puertas». Los antiguos sabios solo hablaban si las palabras que iban a pronunciar pasaban tres puertas. En la primera puerta, se preguntaban: «Estas palabras, ¿son ciertas?». Si era así, las palabras podían pasar hasta la segunda puerta. Al llegar a ella, los sabios preguntaban: «Estas palabras, ¿son necesarias?». Si era así, llegaban hasta la tercera puerta, donde preguntaban: «Estas palabras, ¿son amables?». Solo si la respuesta era afirmativa salían las palabras de sus labios y llegaban al mundo.

El liderazgo

4 de agosto

El liderazgo es, en realidad, una filosofía de vida. Aunque los directores generales y otros directivos pueden ser grandes líderes, también pueden serlo los profesores solícitos, los científicos comprometidos y las madres compasivas. Los entrenadores dirigen equipos deportivos y los políticos dirigen comunidades. Pero todo empieza en el interior, cuando se tiene la disciplina necesaria para dirigir la propia vida y conocerse a uno mismo. Así que Dirige Sin Título.

El liderazgo

5 de agosto

Los líderes visionarios muestran a sus seguidores una realidad más elevada e inspiradora, mientras el resto del mundo solo ve oscuridad. Guían mediante el ejemplo, garantizando que lo que hacen se corresponda con lo que dicen.

El liderazgo

6 de agosto

El líder auténtico alaba a las personas en lugar de condenarlas. Cuanto más profunda sea tu relación con otros, más efectivo será tu liderazgo. Los mejores líderes son personas que se sienten muy bien consigo mismas.

El liderazgo

7 de agosto

Para ser un líder eficiente y obtener el máximo rendimiento en el terreno de juego de la vida, no debes intentar abarcar mucho y serlo todo para todos. Los que triunfan son los especialistas. Concentra tus mayores talentos en tus mejores oportunidades.

El honor y la fuerza de carácter

8 de agosto

Cada promesa que rompes, por pequeña y poco importante que pueda parecerte, supone una merma para tu carácter. Cada vez que no cumples un compromiso, mellas los vínculos con aquellas otras personas que forman parte de tu vida.

El honor y la fuerza de carácter

9 de agosto

Vivir sin buscar la excelencia deshonra los dones y talentos de valor incalculable que te han sido concedidos.

10 de agosto

Haz lo correcto. Actúa de un modo que sea congruente con tu verdadero carácter. Actúa con integridad. Que tu corazón te guíe. El resto llegará por sí solo.

El honor y la fuerza de carácter

11 de agosto

No importa lo grande que sea tu casa o lo espectacular que sea tu coche; lo único que puedes llevarte contigo cuando acabe tu vida es tu conciencia. Presta oídos a tu conciencia. Deja que te guíe, porque ella sabe lo que te conviene. Te dirá que, en última instancia, tu vocación en esta vida es servir desinteresadamente a los demás de una u otra forma.

El honor y la fuerza de carácter

12 de agosto

No te tomes tus palabras a la ligera. Son poderosas, y pueden tener consecuencias dramáticas. Cuando digas algo, asegúrate de que sientes lo que dices. Di lo que de verdad quieras decir. La comunicación genuina es poderosa... y poco frecuente.

El verdadero éxito

13 de agosto

El éxito radica en la perfecta coherencia en torno a lo fundamental. Los mejores siguen progresando cuando se concentran intensamente en los sencillos principios de la excelencia, principios como: tratar bien a la gente, trabajar duro, no tirar la toalla, ver una oportunidad donde los demás ven un fracaso y ser fiel a uno mismo.

14 de agosto

El secreto de la felicidad es sencillo: descubre lo que realmente te gusta hacer y luego concentra toda tu energía en hacerlo. Una vez concentres tu capacidad mental y tus energías en un proyecto que te gusta, la abundancia fluirá en tu vida y todos tus deseos se cumplirán con facilidad y gracia.

El verdadero éxito

15 de agosto

La felicidad duradera procede de trabajar constantemente para alcanzar tus objetivos y avanzar con confianza hacia el propósito de tu vida. Este es el secreto para encender el fuego que llevas dentro de ti.

El verdadero éxito

16 de agosto

La felicidad que buscas se consigue reflexionando en los objetivos dignos que te has propuesto conseguir y luego trabajando día a día para acercarte a ellos. Esta es una aplicación directa de la filosofía imperecedera que aconseja que nunca hay que sacrificar las cosas más importantes por aquellas que lo son menos.

El verdadero éxito

17 de agosto

Posee cosas hermosas, pero no seas prisionero de ellas. Sé su dueño, no dejes que te posean. Que el objetivo de tu vida sean proyectos mucho más importantes, como descubrir tu máximo potencial, servir a otros y marcar la diferencia viviendo para algo más importante que tú mismo. El éxito está bien, pero lo verdaderamente importante es aquello que tiene sentido.

18 de agosto

¿De qué sirve pasarse la vida subiendo una montaña para luego descubrir que era la equivocada?

19 de agosto

Recuerda que existen muchos tipos de riqueza, y la económica solo es una de ellas. Desde mi punto de vista, quien goza de relaciones personales satisfactorias y de gente que le quiere, es rico. Quien disfruta con una salud excelente de una vida llena de aventuras, emociones y un aprendizaje constante tiene una riqueza de otro tipo. Alguien que está profundamente conectado con todo en la vida, que se despierta cada mañana sintiéndose totalmente en paz y consciente de la verdad, debe considerarse sin duda alguien que ha acumulado otro tipo de riqueza. La multitud —nuestra tribu, a la que llamamos Sociedad— nos ha enseñado que la riqueza económica es el único tipo de riqueza que deberíamos buscar: no es cierto.

El verdadero éxito

20 de agosto

El dinero es solo una consecuencia de añadir valor y hacer el bien a los demás. Concéntrate en destacar en lo que hagas. Dedícate a ofrecer todo lo que puedas para mejorar la vida de otros. Destaca sinceramente en cualquier faceta de tu vida profesional y personal. Crea para otros un valor extraordinario. El dinero ya vendrá.

El verdadero éxito

21 de agosto

Con demasiada frecuencia pensamos que necesitamos realizar determinadas heroicidades para justificar nuestra vida y para obtener un gran éxito. Nos dejamos convencer de que debemos acumular juguetes caros y un exceso de bienes, para sentirnos bien cuando acaba el día. Pero ese no es el verdadero camino a la felicidad. La felicidad real y duradera procede de la acumulación progresiva de recuerdos inolvidables y de momentos especiales.

22 de agosto

Vivir una vida de excelencia es una forma de manifestar la autoestima. Quien lleva su vida como si fuera una de las personas más importantes del mundo, un verdadero peso pesado, es alguien que no solo siente un gran respeto por sí mismo, sino que además respeta la fuerza de la naturaleza que lo creó.

El verdadero éxito

23 de agosto

El buscador que avanza por el camino que le lleva al hogar, que es su yo auténtico y superior, siempre tendrá que enfrentarse con temores cuya existencia desconocía. Mientras vivimos inconscientemente, muchos de nuestros temores habitan la esfera de nuestra mente subconsciente. Conscientemente ignoramos que existían. Están adormecidos en nuestro interior. Pero están ahí, afectando a todas y cada una de nuestras decisiones y dirigiendo nuestras vidas subliminalmente. Cuando despertamos y optamos por ver nuestra vida desde una perspectiva más veraz, nuestros temores empiezan a ver la luz del día, y debemos enfrentarnos a ellos para poder trascenderlos.

El verdadero éxito

24 de agosto

Crea una vida que pueda considerarse una obra de arte. Tienes el potencial para ello. Todos lo tenemos, es un hecho comprobado. Todo se reduce a si quieres hacer el trabajo interior necesario para llegar hasta ahí. Dominarte es empezar a dominar la vida. Tu mundo exterior no puede ser mayor que tú.

El verdadero éxito

25 de agosto

Escribir un diario regularmente es un acto muy poderoso. Te ayuda a conocerte y a profundizar en la relación contigo mismo. Tu diario debe ser un lugar donde te visites y te examines. Dotado de la consciencia que ello te aporta, podrás comprometerte a tomar mejores decisiones. Y las mejores decisiones conducen a mejores resultados.

El verdadero éxito

26 de agosto

Si tienes el valor de respetar tu cuerpo —el templo que alberga a la persona que eres—, el dominio de ti mismo no estará muy lejos. Cada vez que vas al gimnasio para entrenarte un día en el que no tienes ganas de hacerlo, te fortaleces un poco más como ser humano. Cada vez que sales a correr un día de invierno, cuando sientes que el mejor lugar donde podrías estar es entre las sábanas, pones en práctica un poco más de tu humanidad. Trabajar tu condición física es una estupenda manera de mejorar tu carácter y de enriquecer tu calidad de vida. La buena salud es un auténtico tesoro. ¿Qué sentido tiene ser la persona más rica del cementerio?

27 de agosto

En la vida, las cosas pequeñas son, en realidad, las más grandes. La calidad del éxito que experimentes en tu vida dependerá, en última instancia, de las pequeñísimas decisiones que tomes cada minuto de cada hora de cada día.

28 de agosto

Uno de los secretos para tener una vida larga y feliz consiste en amar tu trabajo; este secreto no pasa nunca de moda. El hilo áureo que une las vidas de las personas más satisfechas de la historia consiste en que amaron lo que hacían para ganarse la vida. Cuando la psicóloga Vera John-Steiner entrevistó a cien personas creativas, descubrió que todas ellas tenían una cosa en común: una intensa pasión por su trabajo. Pasarte los días dedicándote a algo que te satisface, que supone un reto intelectual y que te divierte, hará más que todas las vacaciones en un balneario para mantener tu ánimo por las nubes y tu corazón entregado.

El verdadero éxito

29 de agosto

Una de las cosas más poderosas que puedes hacer es escribir de antemano la historia de tu vida. Puede que al final no resulte como lo habías planificado, pero como suele decirse: «Si no sabes adónde vas, cualquier camino te llevará». Es mejor tener un plan por anticipado que carecer de rumbo. La planificación es un acto poderoso de responsabilidad personal.

30 de agosto

La felicidad no consiste en perseguir el máximo valor neto, sino en cultivar el valor personal. No consiste en tener más dinero, sino en hallar mayor significado. Y no consiste solo en tener éxito, sino en ser verdaderamente importante; una persona que crea cosas que tienen un valor permanente.

El verdadero éxito

31 de agosto

La madurez en un ser humano radica en amar lo que tienes, en vez de preocuparte demasiado por tener lo que quieres.

Septiembre

El progreso extraordinario

Septembre

El progreso extraordinario

1 de septiembre

El fracaso es una elección. Nada puede detener a un hombre o a una mujer que se niega a ponerse límites. Toma la decisión, desde el fondo de tu corazón, de que, pase lo que pase, seguirás avanzando por el camino auténtico y te mantendrás fiel a construir una vida notable.

El progreso extraordinario

2 de septiembre

La Ley del Intento Menguante dice que cuanto más tardes en introducir una idea o una estrategia nuevas, menos entusiasmo sentirás. Actúa diariamente siguiendo tu estrategia para cambiar, antes de que esta padezca una muerte súbita y entierre con ella tu visión de futuro. Las grandes personas a nivel mundial nunca abandonan una gran idea sin dar algunos pasos para hacerla realidad. Idear sin ejecutar no es más que una vana ilusión.

3 de septiembre

La mayor parte de la ineficacia nace de que la mayoría de las personas carecen de la disciplina necesaria para hacer lo que saben que deben hacer cuando tienen que hacerlo. Posponen llevar a cabo acciones importantes en los negocios y en la vida y prefieren las cosas fáciles e inmediatas. Pero entonces llegan al final de su vida y se dan cuenta de que han perdido el tiempo.

4 de septiembre

Hacer las mismas cosas todos los días no producirá resultados nuevos. Para cambiar los resultados que obtienes, debes cambiar las cosas que haces.

5 de septiembre

El verdadero secreto de la eficiencia personal es concentrarse en un propósito. Hay actividades que son dignas de tu energía y de tu atención, pero hay otras que son indignas de ellas. El auténtico secreto para hacer cosas es saber cuáles no es necesario hacer. Centrarse es esencial para el éxito. Como decía Confucio: «La persona que persigue a dos conejos no atrapa ninguno».

6 de septiembre

Nunca olvides la importancia de cada uno de tus días. Los días son tu vida en miniatura. Vives tu vida como vivas tus días. No malgastes ninguno. El pasado es historia, y el futuro es solo fruto de la imaginación. Lo único que tienes es este día, el presente. Pero lo que hagas hoy influirá poderosamente en cómo será el mañana.

El progreso extraordinario

7 de septiembre

Los apaños rápidos no funcionan. Todo cambio interno perdurable requiere tiempo y esfuerzo. La persistencia es la madre del cambio personal. Las grandes cosas no suceden sin que medie el trabajo duro y los sacrificios.

El progreso extraordinario

8 de septiembre

Asumir riesgos calculados reportaría enormes dividendos. ¿Cómo llegarás a la tercera base si no despegas el pie de la segunda? El mayor riesgo es no correr riesgos.

9 de septiembre

Las cosas que plasmamos en el papel son aquellas con las que nos comprometemos en la vida. Las cosas que se programan son las que se acaban haciendo.

El progreso extraordinario

10 de septiembre

Cuanto más disciplinado seas más favorable será para ti la vida. Cuanto más estricto seas más amable será la vida contigo. Cuando te vuelvas más fuerte, conteniendo los impulsos más débiles, y tengas la disciplina necesaria para hacer lo correcto, no cabe duda de que tendrás una vida mejor.

El progreso extraordinario

11 de septiembre

Podríamos pensar que cuanto más nos relajamos y nos divertimos, más posibilidades tenemos de experimentar la verdadera felicidad. Sin embargo, una de las claves de la felicidad se puede expresar con una sola palabra: rendimiento. En realidad, el éxito consiste en conseguir progresivamente resultados que son importantes para ti. Crear las vidas que queremos tener aporta siempre un sentimiento de satisfacción y de alegría. La idea es divertirse... mientras consigues grandes cosas.

El progreso extraordinario

12 de septiembre

Nunca podrás acertar en una diana que no ves. La gente se pasa la vida soñando con ser más feliz, vivir con más salud y disfrutar de intensas pasiones. Sin embargo, no ve la importancia de emplear aunque sean diez minutos al mes para escribir sus objetivos y pensar profundamente en el significado de su vida. Fijar objetivos hará de tu vida algo magnífico. Tu mundo se enriquecerá, se volverá más encantador y espectacular. Recuerda: la claridad precede al control.

El progreso extraordinario

13 de septiembre

La presión no siempre es perjudicial. La presión puede ins-
pirarte para alcanzar grandes fines. A menudo la gente consigue cosas magníficas cuando está entre la espada y la pared y
se ve obligada a recurrir al potencial que reside en su interior.

14 de septiembre

La pasión ardiente es el combustible más potente para tus sueños.

15 de septiembre

El valor te ayuda a correr tu propia carrera. El coraje te ayuda a hacer todo lo que quieres, porque sabes que está bien. El arrojo te proporciona el control para persistir cuando otros han fracasado. En última instancia, el grado de coraje con el que vivas determinará hasta qué punto te sentirás realizado.

El progreso extraordinario

16 de septiembre

Los únicos límites en tu vida son los que tú mismo pones. Cuando te atreves a salir de tu círculo de comodidad y a explorar lo desconocido, empiezas a liberar tu verdadero potencial humano.

El progreso extraordinario

17 de septiembre

Sal al escenario y olvídate de las críticas. Si las escuchas nunca harás nada grande con tu vida. La vida es breve, y los años pasarán volando, como los granos de arena que se escurren entre tus dedos un día caluroso en la playa. Estás diseñado para brillar y para sacar tus talentos a la luz.

El progreso extraordinario

18 de septiembre

Para despertar tu mejor vida, es importante que «mueras mientras vives». La mayoría de las personas viven como si dispusieran de todo el tiempo del mundo. Desearían tener más tiempo cada día, y sin embargo despilfarran el que tienen. Posponen vivir hasta que suceda algún acontecimiento en el futuro. Para despertar tu mejor vida, debes vivir cada día como si fuera el último que pasaras en el mundo.

El progreso extraordinario

19 de septiembre

Lo que distingue a las personas realizadas de las que no viven una vida inspirada, es que hacen aquellas cosas que a las personas menos realizadas no les gusta hacer... aunque a ellas puede que tampoco les agrade hacerlas.

El progreso extraordinario

20 de septiembre

Las personas que verdaderamente tienen éxito, aquellas que experimentan cada día una profunda felicidad, están dispuestas a renunciar al placer a corto plazo para obtener la plenitud a largo plazo.

El progreso extraordinario

21 de septiembre

En esta vida solo hay un fracaso: la incapacidad de intentarlo. El máximo fracaso de la vida es la reticencia a apostar a lo grande y a caminar hacia aquellos lugares que te dan miedo.

22 de septiembre

Antes de Colón, todos los aventureros navegaban cerca de la costa, sin perder de vista tierra firme. Aquella era la manera de navegar que se consideraba correcta. Colón se atrevió a ser diferente. Rechazó hacer lo que todos los demás habían hecho. Se arriesgó: navegó alejándose de la costa, adentrándose en el mar. Y como se desprendió de lo conocido y tuvo el valor para navegar hacia lo ignoto, se convirtió en uno de nuestros mayores héroes.

El progreso extraordinario

23 de septiembre

Todo progreso procede de la gente que no es razonable, de las personas que siguen los dictados de su corazón y las instrucciones de su conciencia, en vez de las consignas de la multitud. Todo progreso nace de la gente que se ha arriesgado, y de los hombres y mujeres que tuvieron el valor de visitar los lugares que temían. La grandeza llega cuando los demás te dicen que algo es imposible y te niegas a creerlo.

El progreso extraordinario

24 de septiembre

El conocimiento solo es poder en potencia. Para que el poder se manifieste, hay que aplicarlo. La mayoría de las personas saben qué harían en una situación determinada o, incluso, en sus vidas. El problema es que no actúan día tras día, coherentemente, para aplicar ese conocimiento y realizar sus sueños.

El progreso extraordinario

25 de septiembre

Si quieres vivir a lo grande, también debes estar dispuesto a correr grandes riesgos. Para llegar hasta las perlas, los buceadores deben bajar a las profundidades y visitar lugares que las almas tímidas nunca conocerán.

26 de septiembre

Cuando estás creando un nuevo hábito siempre te sientes un tanto incómodo. Es como ponerse un par de zapatos nuevos: al principio producen un poco de dolor, pero al cabo de poco tiempo nos sientan como un guante. Los mejores entre nosotros se sienten cómodos con la incomodidad.

27 de septiembre

Las personas más notables se guían por prioridades. Este es el secreto del control sobre el tiempo. Construye tus días en torno a tus prioridades y te moverás en un ámbito poco frecuentado.

28 de septiembre

El verdadero valor de ponerte metas y alcanzarlas no radica en las recompensas que recibes, sino en la persona en la que te conviertes como resultado de alcanzar tus objetivos y llegar a las cimas de tus montañas. Cuando llegues a una meta, tanto si se trata de ser un líder extraordinario como un buen padre, habrás crecido como persona en el proceso. A menudo no podrás detectar ese crecimiento, pero habrá tenido lugar a una escala invisible. Has construido tu consciencia y tu disciplina, has descubierto cosas nuevas sobre tus capacidades y has manifestado parte de tu potencial. Estas son recompensas en sí mismas.

29 de septiembre

La mayoría de nosotros vivimos como si dispusiéramos de una cantidad infinita de tiempo para hacer todas las cosas que sabemos que debemos hacer para tener una vida plena y gratificante. Así que aplazamos las acciones y retrasamos la consecución de nuestros sueños mientras atendemos a esas emergencias cotidianas que ocupan nuestros días. Esta es una receta segura para una vida de lamentaciones. Comprométete a administrar tu tiempo con más eficacia. Trabaja para ser más consciente de lo realmente importante que es tu tiempo. No dejes que la gente malgaste su bien más precioso, e inviértelo solamente en aquellas actividades realmente importantes.

El progreso extraordinario

30 de septiembre

Cuanto más pides más recibes, pero hace falta práctica para dominar este arte. El éxito es una cuestión de estadísticas. Como observaron los sabios budistas: «Cada flecha que alcanza el centro de la diana es el resultado de cien tiros errados». Ejercita tus «músculos de pedir»: pide una mesa mejor en tu restaurante favorito, una segunda bola de helado gratis en la heladería o algún detalle adicional en tu próximo viaje en avión. Puede que te sorprenda la abundancia que llegará a tu vida cuando pidas sinceramente las cosas que deseas.

Octubre

El progreso extraordinario
Las mejores prácticas

El progreso extraordinario

1 de octubre

Para forjar una voluntad de hierro, es esencial hacer cosas pequeñas, insignificantes, como un tributo a la virtud de la disciplina personal. Los pequeños actos, realizados como rutina, se van acumulando uno encima de otro para producir, al final, una abundante fuerza interior. Quizá el viejo proverbio africano lo exprese mejor: «Cuando las telarañas se unen, atan a un león».

2 de octubre

No tienes que cambiar tu mundo en un solo día. Empieza con cosas pequeñas. Un viaje de dos mil kilómetros se inicia con un primer paso. Nos hacemos grandes poco a poco. Los pequeños pasos cotidianos conducen a resultados impresionantes con el tiempo.

3 de octubre

Quienes usan el tiempo sabiamente desde que son jóvenes obtienen como recompensa vidas ricas, productivas y satisfactorias. Quienes nunca han estado expuestos al principio de que «quien domina el tiempo domina la vida» jamás pondrán en práctica su enorme potencial humano. Y vivirán vidas llenas de remordimientos.

El progreso extraordinario

4 de octubre

Planifica tu semana y administra el tiempo creativamente. Ten disciplina para concentrar el tiempo según tus prioridades. Cambia de marchas. Pasa de la complejidad a la simplicidad. Nunca debes sacrificar las cosas más importantes de tu vida por aquellas que tienen poca importancia. Y recuerda: no planificar es planificar el fracaso.

5 de octubre

Nunca olvides que el tiempo que pasas enriqueciendo las horas en las que no trabajas jamás es un desperdicio. Te vuelve tremendamente eficiente en tus horas de trabajo. Nuestras mejores ideas nacen de los momentos de más relajación.

6 de octubre

Cuando te comprometes con la excelencia en todo lo que haces, empiezas a tener una mayor sensación de orgullo positivo por cómo conduces tus días. Esto, a su vez, aumenta el respeto por ti mismo y la confianza, que, a su vez, liberan una energía y una pasión mayores. Empiezas a sentirte bien contigo mismo. La gente que se siente bien consigo misma hace un gran trabajo y crea cosas notables. Y esto, a su vez, hace que sus estándares de excelencia aumenten todavía más. Es una espiral ascendente, que lleva a la gente a cotas cada vez más altas de alegría, sentido y paz interior.

El progreso extraordinario

7 de octubre

Haz que ser extraordinario sea tu forma de vivir.

8 de octubre

Recuerda que, cuando aceptes la mediocridad en las cosas pequeñas, empezarás a admitirla en las grandes. Todo lo que sea menos que un compromiso consciente con un rendimiento personal extraordinario es un compromiso inconsciente con un rendimiento personal ordinario.

9 de octubre

Una de las hebras doradas de una vida de gran éxito y plena de sentido es la disciplina. La disciplina te permite hacer todas esas cosas que sabes en tu corazón que debes hacer, pero para las que nunca tienes ganas.

El progreso extraordinario

10 de octubre

Sin la disciplina nunca fijarás metas claras, ni administrarás eficazmente el tiempo, tratarás bien a los demás, resistirás los momentos difíciles, cuidarás tu salud o tendrás pensamientos positivos.

11 de octubre

Protege tu tiempo. Aprende a decir que no. Tener el valor de negarse a las pequeñas cosas de la vida te dará la capacidad de decir que sí a las grandes.

12 de octubre

Anímate a hacer más y a experimentar más. Encarrila tu energía para empezar a ampliar tus sueños. Sí, amplía tus sueños. No aceptes una vida de mediocridad cuando tienes potencial infinito en la fortaleza de tu mente. Atrévete a conectar con tu grandeza. Este es tu derecho de nacimiento.

El progreso extraordinario

13 de octubre

Actúa como si fuera imposible fracasar, y tendrás el éxito garantizado. Elimina todo pensamiento sobre la posibilidad de no alcanzar tus objetivos, tanto si son materiales como espirituales.

El progreso extraordinario

14 de octubre

Sé valiente y no pongas límites a tu imaginación. Nunca seas prisionero de tu pasado, sino arquitecto de tu futuro.

El progreso extraordinario

15 de octubre

Existe una diferencia entre una existencia simple y la auténtica vida. No es lo mismo limitarse a sobrevivir que prosperar de verdad. Lo triste es que la mayoría de las personas han perdido de vista los dones humanos que tienen en su interior, y se han resignado a pasar los mejores años de su vida mirando la televisión. Demasiadas personas se pasan más tiempo concentradas en sus debilidades que desarrollando sus puntos fuertes. Al concentrarse en lo que no tienen, olvidan los talentos que sí tienen. Las grandes personas que nos han precedido tenían una estrategia sencilla que garantizaba el éxito: se conocían a sí mismas. Buscaron tiempo para reflexionar sobre sus capacidades intrínsecas y pasaron el resto de su vida refinándolas y ampliándolas.

16 de octubre

Cuando estableces grandes metas y persigues grandes sueños, participas en un acto enormemente creativo. Usas tu
imaginación y tu capacidad para construir algo maravilloso.
Eso es la creatividad en acción.

El progreso extraordinario

17 de octubre

Quedarte encerrado en tu cuarto, meditando u orando todo el día para conseguir la vida de tus sueños no hará que la consigas, y creer lo contrario no es más que caer en el pensamiento mágico. Los mejores entre nosotros son gente de acción. El liderazgo personal consiste en hacer cosas importantes. Los resultados sí importan.

18 de octubre

Persigue tus sueños. Haz todo lo que puedas para construir la vida que quieres tener. Visita los lugares que te dan miedo y no retrocedas ante la grandeza que sabes, en tu corazón, que estás destinado a ofrecer al mundo. Una vez hayas hecho todo lo que está en tu mano, como ser humano, para hacer realidad tus deseos (y solo entonces), olvídate de los resultados.

19 de octubre

Cuando no tienes claras las prioridades de tu vida, resulta fácil decir que sí a cualquier petición que ocupe tu tiempo. Cuando tus días no tienen la guía de una visión rica e inspiradora para tu futuro, una imagen clara de un resultado final que te ayude a actuar con más intención, es probable que las agendas de quienes te rodean gobiernen tus actos. La solución consiste en tener claros los máximos objetivos de tu vida y luego aprender a decir que no con elegancia.

20 de octubre

La felicidad es nuestra por derecho natural. Hemos sido programados para hacer cosas extraordinarias con nuestras vidas y para ofrecer al mundo regalos excepcionales.

21 de octubre

Todos los genios que han pasado por este planeta antes que nosotros tenían una cosa en común: dedicaron su vida a cultivar los dones que los hacían especiales. Tomemos a Einstein, por ejemplo. Tuvo el buen juicio de imaginar que tenía aptitudes para la física, y se pasó el resto de su vida refinando ese don. No se dedicó al campo de la biología o de la química. Se especializó en lo que mejor se le daba. Y como se concentró en aquello que dominaba, y dedicó años y años a dominar mejor esa disciplina, llegó un momento en el que alcanzó la grandeza como ser humano.

22 de octubre

Tener metas claramente definidas tiene muchos beneficios. Primero, establecer objetivos devuelve un punto de referencia a nuestras vidas, que se han complicado debido a que hay demasiadas opciones. En los tiempos en los que vivimos, hay demasiadas cosas que hacer en cada momento. Son muchas las distracciones que intentan llamar nuestra atención. Los objetivos clarifican nuestros deseos y nos ayudan a concentrarnos solo en aquellas actividades que nos llevarán donde queremos ir.

23 de octubre

Conviértete en una persona de acción, una de esas almas indomables que salen en busca de la máxima expresión de sus vidas. Hazlo todo lo mejor que sepas. Luego, déjate llevar y acepta lo que llegue a tu vida, con un corazón feliz y la certeza de que eso era lo que la naturaleza te tenía reservado.

24 de octubre

Hace falta mucha resolución y fuerza de voluntad para alejarse de la fuerza gravitatoria de la multitud y empezar a vivir más genuinamente. El transbordador espacial consume más combustible durante los tres minutos posteriores al despegue del que consume durante el resto de la órbita que describe en torno al planeta, y se debe a este mismo motivo: el mundo ejerce una enorme fuerza de atracción, y para superarla es necesaria una gran energía. Pero debes superarla para evitar una vida triste y llena de remordimientos.

Las mejores prácticas

25 de octubre

Cada acto de coraje, cada acto de bondad y cada acto mediante el cual aceptamos la responsabilidad de nuestra vida, tendrán una recompensa inmediata: cada vez que actúas con amor en vez de con miedo, te conviertes un poco más en la persona que estás destinada a ser. Cada vez que intentas atrapar tus sueños y prestas oído a la voz de tu corazón, recuerdas un poco más quién eres. Y, poco a poco, te vas transformando.

26 de octubre

Cuando los atletas olímpicos vuelven a sus países tras los Juegos, algunos de ellos padecen lo que los psicólogos llaman DPO (depresión postolímpica). Parece que, tras haber alcanzado la cima del éxito, ya no les quedan más objetivos a los que apuntar, de modo que su vida pierde sentido. Para mantener un grado saludable de optimismo y de pasión por la vida, debes seguir marcándote objetivos cada vez más difíciles. Cuando alcances uno, ya sea profesional o personal, es esencial que enseguida fijes el siguiente. Asegúrate de que tus objetivos sean dignos de ti. Asegúrate de que sean el tipo de retos que te obligan a rebuscar en tu corazón y a sacar lo mejor que llevas dentro, con lo cual te ayudan a crecer en este proceso.

27 de octubre

Una de las cosas más maravillosas del tiempo es que no puedes malgastarlo de antemano. Da lo mismo cuánto hayas desperdiciado en el pasado, la próxima hora será perfecta y virgen, y estará lista para que le saques el máximo partido. Si optas por hacerlo, mañana puede ser el día en el que empieces a levantarte más temprano, leas más, hagas ejercicio, comas bien, te preocupes menos y juegues a un nivel realmente extraordinario. Nadie te impide que abras tu diario y, en una página en blanco, reescribas la historia de tu vida. En este mismo instante puedes decidir cómo quieres que se desarrolle, cambiar los personajes centrales y elaborar un nuevo final. La única pregunta es: ¿querrás hacerlo?

28 de octubre

Si no actúas sobre la vida, ella actuará sobre ti. Los días se convertirán en semanas y las semanas en meses... Antes de que te des cuenta, tu vida habrá acabado. No dejes que ese tesoro brillante y hermoso que es tu vida se te escurra entre los dedos.

29 de octubre

Siempre hay oscuridad antes del alba. En la vida de todas las personas llega un momento en el que hay que jugar al límite y correr riesgos. Llega un momento para todo buscador en el que él o ella sabe, desde lo más profundo de su corazón, que renunciar al riesgo le condenará a una vida de mediocridad. Pero dar el salto, aunque despierta un gran temor y exige un gran coraje, le permitirá entrar en un territorio totalmente nuevo, una tierra de potencial, felicidad y libertad. Profundiza y escucha tu voz interior. Luego, confía en su guía.

30 de octubre

Cuando una prueba se interponga en tu camino, nunca tires la toalla. Y lo cierto es que en tu camino encontrarás muchas pruebas. Sí, antes de obtener la victoria máxima te enfrentarás, sin duda, a tu mayor reto. Si eres consciente de que todo ello forma parte de la ruta que debes seguir para volver a casa, a tu yo auténtico, te resultará más fácil asumirlo: estarás preparado.

Las mejores prácticas

31 de octubre

Apúntate al Club de la Esperanza. Los objetivos grandes, hermosos y aparentemente imposibles son vehículos estupendos para mantenerte inspirado mientras atraviesas adversidades. Cuando intentas alcanzar una meta importante y noble que atrae lo mejor que llevas dentro, tu deseo de alcanzarla te hará superar los malos momentos que encontrarás en tu camino de explorador.

Noviembre

Las mejores prácticas
Construyamos relaciones excepcionales

1 de noviembre

Levantarte temprano es un regalo que te haces. Hay pocas disciplinas que tengan tanta capacidad de transformar tu vida como la que tiene el hábito de levantarse temprano. Las primeras horas de la mañana son muy especiales. Parece que el tiempo se ralentiza y que una sensación de paz profunda flota en el ambiente. Unirte al Club de las Cinco en Punto te permitirá empezar a controlar el día, en lugar de dejar que este te controle. Vencer en la «Batalla de la Cama» y poner «la mente antes que el colchón» por levantarte temprano te proporcionará, como mínimo, una hora de tranquilidad para ti durante la parte más esencial del día: el principio. Si la empleas sabiamente, el resto de la jornada se desplegará de forma maravillosa.

2 de noviembre

Según un estudio, un niño de cuatro años se ríe unas trescientas veces al día, mientras que un adulto, de media, se ríe unas quince. Debido a todas las obligaciones, presiones y actividades que llenan nuestros días, nos hemos olvidado de cómo se ríe. Se ha demostrado que reír cada día mejora nuestro estado de ánimo, fomenta la creatividad y nos proporciona más energía. El cómico Steve Martin se pasa cinco minutos cada mañana riéndose delante del espejo, para que empiece a fluir su creatividad y así comenzar el día con buen pie.

Las mejores prácticas

3 de noviembre

El entorno natural permite que silenciemos el parloteo incesante que agobia nuestra mente, de modo que liberemos nuestro verdadero potencial. Mientras disfrutas de la naturaleza, observa tu entorno con atenta concentración. Estudia la complejidad de una flor o el modo como se mueve la corriente en un riachuelo centelleante. Quítate los zapatos y siente la hierba bajo los pies. Da gracias en silencio por tener el privilegio de disfrutar esos dones especiales de la naturaleza. Los placeres más sencillos de la vida son también los mejores.

4 de noviembre

Te conviertes en lo que te rodea. Sé más selectivo con las noticias a las que expones tu mente. Sé más consciente cuando leas el periódico o veas la televisión. Antes de empezar a leer el periódico de la mañana, ten en mente un propósito. Úsalo como una herramienta informativa que te sirva, no como una excusa para pasar el rato. Y decide que te expondrás a influencias que te ayuden a ser la persona que quieres ser.

5 de noviembre

Hacen falta unos veintiún días para desarrollar un nuevo hábito. Sin embargo, la mayoría de las personas renuncian a introducir un cambio positivo en su vida después de tan solo unos pocos días, cuando sienten el estrés y la angustia que van siempre asociados a sustituir costumbres antiguas por otras nuevas. Una vez hayas superado esos veintiún días, descubrirás que mantener el rumbo con un hábito nuevo será mucho más fácil de lo que imaginabas. Tómate un tiempo para estudiar tus hábitos personales y prométete introducir los cambios necesarios. La calidad de tu vida la determinará, en gran medida, la naturaleza de tus hábitos.

6 de noviembre

Pasar una hora al día trabajando contigo mismo producirá sin duda unos resultados impresionantes al cabo de un mes... siempre que hagas lo adecuado. Hace falta aproximadamente un mes para introducir un nuevo hábito en tu vida. Tras ese período, las conductas, estrategias e instrumentos que estás introduciendo en ella te sentarán como un guante. La clave radica en practicarlos día tras día, si quieres que los resultados sigan siendo visibles. El compromiso es un instrumento poderoso.

7 de noviembre

De la misma forma que preparas tu cuerpo, también preparas tu mente. Igual que entrenas tu cuerpo, entrenas tu mente. Busca cada día un rato para nutrir el templo que es tu cuerpo por medio de un ejercicio enérgico. Que tu sangre circule y tu cuerpo esté en movimiento. Una semana tiene 168 horas. Debes invertir al menos cinco de ellas en algún tipo de actividad física. La salud es algo que la mayoría de nosotros da por hecho hasta que la perdemos. No dejes que te ocurra.

8 de noviembre

Desarrolla tu hambre de saber. Lee regularmente. Leer media hora al día hará maravillas en tu vida. Pero no leas cualquier cosa. Sé muy selectivo con lo que plantes en el jardín de tu mente. Debe ser inmensamente nutritivo. Cuídate de que sea algo que te mejore tanto a ti como la calidad de tu vida. Que sea algo que te inspire y te eleve.

Las mejores prácticas

9 de noviembre

Según el *U. S. News & World Report*, en el transcurso de tu vida pasarás ocho meses abriendo publicidad enviada por correo, dos años devolviendo sin éxito llamadas telefónicas y cinco años haciendo cola. Teniendo en cuenta estos datos sorprendentes, una de las estrategias más sencillas pero a la vez más eficaces para administrar el tiempo es no ir a ninguna parte sin tener un libro a mano. Mientras los demás hacen cola lamentándose, estarás cultivando y alimentando tu mente con una rica dieta de ideas que te ofrecen los grandes libros.

Las mejores prácticas

10 de noviembre

La soledad y el silencio te conectan con tu fuente creativa y
liberan la inteligencia ilimitada de la Vida.

Las mejores prácticas

11 de noviembre

Busca momentos para la reflexión. Crea el hábito regular de la introspección. Al observar lo que haces, cómo pasas el día y en qué piensas, te dotas de un punto de referencia para evaluar tus progresos. La única manera de mejorar mañana es saber qué has hecho mal hoy.

12 de noviembre

Para liberarte del caos mental que tienden a generar los problemas, anota una lista de tus preocupaciones en una hoja de papel. De ese modo, ya no se quedarán en tu mente, infestándola y arrebatándote esa energía tan valiosa. Este ejercicio tan sencillo te permitirá también colocar tus problemas en la perspectiva correcta y abordarlos siguiendo una secuencia ordenada y bien planificada. Te ayudará a avanzar hacia la libertad y a dejar atrás el pasado.

13 de noviembre

Los diez minutos antes de que te duermas y los otros diez minutos antes de que te despiertes influyen profundamente en tu mente subconsciente. En esos momentos solo deberías permitir que ocupasen tu mente pensamientos inspiradores y serenos.

14 de noviembre

Recuerda que lo importante no es la cantidad de sueño, sino la calidad. Es mejor disfrutar de seis horas de sueño profundo e ininterrumpido que de diez horas de sueño inquieto. El quid de la cuestión es proporcionar descanso a tu cuerpo, de modo que los procesos naturales puedan reparar y devolver tu dimensión física a su estado natural de salud, un estado en el que hacen mella las presiones y las luchas de la vida cotidiana.

15 de noviembre

La risa es una medicina para el alma. Aunque no tengas ganas, mírate al espejo y ríe. No podrás evitar sentirte estupendamente. William James dijo: «No nos reímos porque estemos contentos. Estamos contentos porque nos reímos». Así que empieza el día de forma deliciosamente divertida. Ríete, juega y da gracias por todo lo que tienes. Cada día puede ofrecer grandes recompensas si permites que así sea.

16 de noviembre

Apuntar las cosas es una práctica enormemente importante para descubrirse a uno mismo. La disciplina de llevar un diario transforma vidas. De la misma manera que conocemos a otra persona cuando mantenemos largas conversaciones con ella, si escribes cada mañana en un diario aprenderás a conocerte mediante la escritura. Escribir fomenta la claridad, y la claridad precede al control. Y dado que tu vida vale la pena, también es digna de que la pongas por escrito.

17 de noviembre

La mayoría de las personas usan el sueño como si fuera un fármaco. La gente usa el sueño para distraerse y pasar el rato. Cuando alguien empieza a vivir una vida que es incompatible con una vida más grande y posibilidades más elevadas, empieza a formarse en su interior un pozo de dolor. La mayoría no es consciente de ello —sucede en el nivel del subconsciente—, pero eso no quiere decir que no esté ahí, afectándole en todo momento, en cada elección y en todas las facetas de su vida. Muchos de nosotros usamos el sueño para eludir ese dolor, para huir. Pero una vez descubres tu vocación, te emocionas. Y cuanto más te emocionen esa vocación y tu vida en general, menos necesitarás —o querrás— dormir.

18 de noviembre

Busca un rato cada día para dedicar a la renovación personal. El tiempo que inviertes en cargar las pilas nunca es un despilfarro, sino un aspecto necesario de cualquier rutina destinada a obtener un rendimiento excelente. Ya lo dice la palabra: «re-crearse».

19 de noviembre

En un estudio en el que participaron diecisiete mil alumnos de Harvard, se descubrió que cada hora que dedicas a hacer ejercicio añade tres horas más a tu vida. Es decir, que esa inversión arroja unos dividendos magníficos. Como dice el sabio: al final, la persona que no encuentra tiempo para hacer ejercicio tendrá que encontrarlo para estar enferma.

20 de noviembre

Aunque no puedes irte de vacaciones cada semana, sí puedes tomarte minivacaciones. Una minivacación empieza cuando cierras la puerta del despacho, no contestas a las llamadas y te relajas en tu silla. Entonces cierra los ojos y empieza a respirar hondo. Cuando sientas una paz profunda, comienza a imaginar que estás en tu lugar de vacaciones favorito. Imagina vivazmente los colores, escucha los sonidos y siente las emociones que te inspira ese lugar especial. Al cabo de pocos minutos de realizar este viaje mental, te sentirás rejuvenecido, listo para afrontar el resto de la jornada.

21 de noviembre

La música hace que la vida sea mejor. La música puede levantarte el ánimo, devolver la sonrisa a tu rostro y aumentar inconmensurablemente tu calidad de vida. Dedícate seriamente a escuchar música que te inspire. Compra una colección de tus canciones favoritas y escucha piezas que te alegren el corazón cada día de la semana. Escuchar cada día aunque solo sea unos minutos de música es una forma sencilla pero tremendamente poderosa de gestionar tus estados de ánimo y mantenerte en tu mejor momento.

22 de noviembre

El modo de empezar el día determina la manera en que lo vivirás. La primera media hora después de despertar es «la crema y nata» del día, dado que son los momentos más valiosos de esas 24 horas y tienen una gran influencia sobre la calidad de todos los minutos posteriores. Si tienes la sabiduría y la disciplina suficientes para garantizar que, durante este período clave, solo tendrás los pensamientos más puros y harás las cosas más importantes, te darás cuenta de que tus días se desarrollarán de manera maravillosa.

23 de noviembre

El estrés no es malo de por sí. A menudo puede ayudarnos a rendir al máximo, a superar nuestros límites y a conseguir cosas que, de otro modo, nos paralizarían. El verdadero problema es que no disfrutamos de suficientes momentos que nos alivien el estrés. Por tanto, revitalízate y nutre la parte más profunda de tu ser, planifica un período de paz a la semana (un «descanso sabático» semanal) para recuperar los placeres más sencillos de la vida, a los que es posible que hayas renunciado a medida que los días se volvían más ajetreados y tu vida más compleja. Tu descanso sabático semanal no tiene por qué durar todo un día. Lo único que necesitas es pasar a solas unas horas, quizá una mañana tranquila, que puedas dedicar a hacer las cosas con las que más disfrutas.

24 de noviembre

Una técnica sencilla para reorganizar tu consciencia consiste, simplemente, en elegir una frase, un mantra, en la que te concentrarás diversos momentos del día. Si lo que buscas es la paz y la calma interiores, la frase podría ser: «Estoy muy agradecido por ser una persona serena y tranquila». Si lo que quieres es tener más confianza, tu mantra podría ser: «Me encanta sentirme tan lleno de confianza y de valor ilimitado». Si lo que persigues es la prosperidad material, tu frase podría ser: «Estoy agradecido porque el dinero y las oportunidades fluyen a mi vida». Repite suavemente tus mantras mientras vas a trabajar, haces cola, lavas los platos o durante cualquier otro momento improductivo del día, para llenarlos de una poderosa fuerza para mejorar. Intenta decir tu frase personal al menos doscientas veces diarias durante cuatro semanas como mínimo. Los resultados serán profundos porque darás un paso de gigante para descubrir la paz, la prosperidad y el propósito que tu vida necesita. Nos convertimos en aquello de lo que hablamos.

25 de noviembre

Incluso más que a través de la risa, podemos conectar los unos con los otros si compartimos nuestro dolor. Si todos los habitantes del mundo pudieran reunirse media hora y compartiesen todo el sufrimiento personal que han soportado durante su vida, todos seríamos amigos. No habría enemigos. Tampoco habría guerras.

26 de noviembre

Una estrategia sencilla para superar el hábito de preocuparse consiste en programar determinados momentos para hacerlo, lo que yo llamo «pausas para preocuparse». Si nos enfrentamos a una dificultad, es fácil que pasemos todas las horas del día concentrándonos en ella. En lugar de ello, programa momentos fijos para preocuparte, por ejemplo, media hora cada tarde. Durante esa sesión de preocupaciones, puedes permitirte abordar tus problemas y dar vueltas a tus dificultades. Pero una vez concluya ese período, entrénate para dejar los problemas atrás y hacer algo más productivo, como ir a pasear en un entorno natural, leer un libro que te inspire o tener una conversación íntima y sincera con alguien a quien quieras o admires. Si durante otros momentos del día sientes la necesidad de preocuparte, anota lo que te inquieta en un bloc de notas, que podrás llevarte a la siguiente sesión dedicada a la preocupación. Esta técnica, sencilla pero poderosa, te ayudará a reducir gradualmente la cantidad de tiempo que pasas preocupándote, y al final erradicará para siempre ese hábito.

27 de noviembre

El don de esta era del conocimiento en la que vivimos es que tú y yo, y todos los que nos rodean, tenemos el privilegio de pasar un tiempo, cada día si así lo deseamos, con los grandes pensadores que han vivido en este mundo. Podemos ser amigos de las personas más increíbles del planeta —siempre que queramos— por medio de los libros, descargas de audio y CD, vídeos y otras herramientas educativas. Al pasar tiempo con los seres humanos más sabios de la historia, es inevitable que esa experiencia haga de ti una persona fundamentalmente mejor. No podrás evitar que se te pegue su polvo de estrellas.

Las mejores prácticas

28 de noviembre

Cuanto más capaz seas de dar voz a tu miedo, más rápidamente te abandonará. Cuanto más puedas hablar de algo, más pronto saldrán a la luz las sombras ocultas, donde podrás examinarlas y liberarlas.

29 de noviembre

Empieza a considerar a tu familia tu comunidad personal, y el lugar de donde procederá la mayor parte de tu satisfacción. Nuestros mejores momentos son aquellos que pasamos con las personas queridas. Comprende que, por medio de tu familia, puedes comprenderte mejor y desarrollar una visión, un conocimiento y una sabiduría más profundos. Por medio de tu familia puedes aumentar tu humanidad y poner al día tu fuerza interior. El liderazgo en tu vida empieza con el que manifiestes en tu casa. Tu familia es tu fundamento, como la plataforma de lanzamiento de un cohete. Una vez esté segura y en perfecto orden, podrás alcanzar unas cotas que nunca habías imaginado.

30 de noviembre

La mejor manera de inspirar a tus hijos para que se conviertan en el tipo de adulto que deseas es ser el tipo de adulto que quieres que sean. Todos los niños creen que la forma de actuar de sus padres es la correcta. Les enseñas a actuar tal como tú actúas. Tus valores y tus creencias se convierten en los de ellos. Tus patrones negativos serán, inevitablemente, los suyos. Tienes que recordar que tus hijos no se pierden ni uno solo de tus movimientos.

Diciembre

Construyamos relaciones excepcionales
Disfrutemos del viaje de la vida

1 de diciembre

El segundo mejor regalo que puedes hacer a tus hijos —después de dedicarles un tiempo de calidad— es darles buen ejemplo.

2 de diciembre

Comunicar tu verdad significa hablar con el corazón. Hay demasiadas personas en este mundo que dicen solo las palabras que saben que quieren oír quienes les rodean. Usan las palabras para manipular y controlar, en lugar de para expresar sus verdaderos sentimientos y construir ese tipo de entendimiento que siempre conduce a aumentar el amor. Al usar palabras que no reflejan lo que realmente quieren decir o sienten, viven en un estado de hipocresía espiritual. Solo diciendo la verdad —lo que realmente sientes, crees y sabes— estarás en condiciones de ser el líder que estás destinado a ser. Cuenta tu verdad... incluso cuando se te quiebre la voz.

3 de diciembre

Antes de que alguien te eche una mano debes tocarle el corazón. Sé como el sol: el sol da todo lo que puede. Pero, a su vez, todas las flores, los árboles y las plantas crecen buscando su luz.

4 de diciembre

Las cosas pequeñas son las más grandes. ¿Qué pequeñas cosas puedes hacer hoy para fortalecer los vínculos que mantienes con las personas a las que más aprecias? ¿Qué actos aleatorios de bondad y qué actos inconscientes pero hermosos puedes ofrecer a alguien para intentar que su día sea un poquito mejor? La ironía de ser más compasivo radica en que dar a otros hace que te sientas mejor.

5 de diciembre

Hay demasiadas personas que piensan que escuchar no es más que esperar a que la otra persona deje de hablar. Para empeorar las cosas, mientras esa persona habla, a menudo aprovechamos el tiempo para formular nuestra respuesta, en lugar de mostrar empatía por los pensamientos que ella nos plantea. Si te tomas el tiempo necesario para comprender de verdad el punto de vista de otra persona demuestras que valoras lo que tiene que decir y que te interesas por ella como ser humano. Cuando empieces a meterte en la piel de la persona que habla y a ver el mundo a través de sus ojos, conectarás profundamente con ella y forjarás unas relaciones duraderas basadas en la confianza.

6 de diciembre

Concéntrate en reconstruir la relación que mantienes contigo mismo. Aprende a conocer tus valores más profundos y genuinos. Averigua cuáles son tus preferencias y prioridades, no las que otros te han dicho que son las más importantes, sino aquellas que sientes que tienen más valor. Y recuerda que no puedes dar lo que no tienes. Para amar a otros primero debes quererte a ti mismo.

7 de diciembre

El perdón es un gran acto del espíritu y de valor personal. Es también una de las mejores maneras de mejorar tu calidad de vida. He descubierto que cada minuto que dedicas a pensar en alguien que te ha ofendido es un minuto que robas a una empresa mucho más digna: conectar con las personas que te elevan.

8 de diciembre

Decir cosas que realmente no sentimos se convierte en una costumbre cuando lo hacemos durante el tiempo suficiente. El verdadero problema es que cuando no cumples tu palabra, pierdes credibilidad. Cuando pierdes credibilidad, se rompen los lazos de confianza. Y romper los lazos de confianza, en última instancia, conduce a una serie de relaciones rotas. Sé una persona que cumple lo que dice, en vez de «hablar mucho y no hacer nada». Di lo que quieres decir sabiendo lo que dices. Esta sencilla práctica tendrá un resultado muy poderoso.

9 de diciembre

Hablar sale barato, pero la evidencia nunca miente. Puedes decir a todo el mundo que tu familia es lo primero, pero si la mayor parte de la semana te saltas las comidas familiares para asistir a reuniones de trabajo, el hecho tangible es que tu familia no es prioritaria en tu vida. Puedes predicar sobre el poder de la lectura y ofrecer a tus hijos grandes libros, pero si te pasas la mayor parte de tu tiempo libre mirando comedias televisivas, es que no crees que aprender sea la prioridad que dices que es.

Construyamos relaciones excepcionales

10 de diciembre

Tu primera obligación como padre es construir confianza. La confianza es la piedra angular de toda cultura familiar sólida.

11 de diciembre

Cultivar las grandes amistades es una de las maneras más seguras de insuflar más felicidad y alegría en tu vida. Algunos estudios recientes demuestran que quienes tienen un círculo amplio de amigos y familiares viven más tiempo, ríen más y se angustian menos. Pero las amistades, como todas las otras cosas buenas de la vida, requieren tiempo, energía y entrega. Para forjar amistades más sólidas, debes estar dispuesto a salir de tu zona de seguridad, romper el hielo con personas a las que quizá no conozcas muy bien y manifestar una calidez genuina. Si plantas las semillas de la amistad seguro que recogerás una abundante cosecha de grandes amigos.

12 de diciembre

Aunque ser padre o madre es una gran alegría, también es un privilegio que conlleva una enorme responsabilidad. No podemos limitarnos a confiar en que criamos a nuestros hijos del modo correcto, y rezar para tener la suerte de que se conviertan en adultos reflexivos, cariñosos y sabios. Toma la iniciativa y potencia tu capacidad como padre o madre asistiendo a seminarios, leyendo libros y escuchando descargas de audio o CD de los principales expertos en este campo. Luego, ten el valor de seguir intentando profundizar en las ideas que has aprendido en el laboratorio de tu propia vida, para descubrir las estrategias educativas más idóneas para tu familia. Esos años milagrosos en los que tus hijos o hijas son niños no volverán. Por tanto, actúa ahora.

Construyamos relaciones excepcionales

13 de diciembre

Todos estamos conectados en un nivel invisible. Todos somos hermanos y hermanas, miembros de la misma familia. Nuestra separación no es más que un espejismo. Los sabios nos lo llevan diciendo desde hace miles de años: todos estamos cortados por el mismo patrón, y cuando hieres a otra persona también te hieres a ti mismo. Sé la persona más amable que conoces.

14 de diciembre

Es fácil caer en la costumbre de condenar a los demás, incluso a los que más amamos. Nos concentramos en detalles minúsculos y encontramos fallos en las cuestiones más nimias. Pero aquello en lo que nos fijamos va creciendo. Y si seguimos concentrándonos en las pequeñas debilidades de una persona, seguirán creciendo en nuestra mente hasta que las consideraremos un grave problema de ese individuo. Para vivir una vida más feliz y apacible, empieza a ver que la riqueza de nuestra sociedad procede de su variedad. Lo que engrandece las relaciones, las comunidades y los países no son las cosas que tenemos en común, sino las diferencias que nos hacen únicos. En lugar de buscar cosas que criticar en quienes te rodean, ¿por qué no empiezas a respetar las diferencias?

15 de diciembre

Hay algo especial cuando estás ante una persona genuinamente humilde. Si practicas la humildad nos demuestras que respetas a los demás y nos recuerdas que aún tenemos mucho que aprender. Envía una señal a quienes están a tu alrededor diciéndoles que estás abierto a recibir el don de sus conocimientos y a escuchar lo que tengan que decirte. Cuanto más persona eres, menos tienes que demostrar.

16 de diciembre

Se ha dicho que la risa es la distancia más corta entre dos corazones. Cuando nos reímos juntos, todas las construcciones sociales que nos mantienen separados se vienen abajo y conectamos como personas reales. Es algo hermoso de ver.

17 de diciembre

Cuando culpas a otros por las cosas que te enfurecen o te irritan, pierdes la oportunidad preciosa de conocer más a fondo las sombras que te controlan. Pierdes la ocasión de profundizar y llevar lo que estaba en el ámbito del subconsciente al reino de la consciencia, donde se puede sanar y superar. Culpar a otros supone exculparte a ti mismo.

18 de diciembre

Date cuenta de que lo más noble que puedes hacer es dar a los demás. Los sabios orientales llaman a este proceso «desprenderse de las cadenas del yo». Todo consiste en perder tu timidez y empezar a concentrarte en un propósito más elevado. Esto puede traducirse en ofrecer más a los que te rodean, aunque eso signifique compartir con ellos tanto tu tiempo como tus energías: estos son, realmente, tus recursos más valiosos.

19 de diciembre

La compasión y los actos cotidianos de bondad enriquecen la vida. Tómate un tiempo, cada mañana, para meditar en el bien que harás por otros durante ese día. Unas palabras sinceras de alabanza a quien menos las espera, un gesto cálido ofrecido a un amigo que lo necesita, pequeñas pruebas de afecto a los miembros de tu familia, hechas porque sí, crean una forma mucho más maravillosa de vivir.

20 de diciembre

Vive la infancia de tus hijos. Pocas cosas son tan importantes como formar parte de ella. ¿De qué sirve subir los escalones del éxito si te has perdido los primeros pasos de tus hijos?

21 de diciembre

Vivimos en un mundo extraño. Podemos enviar un mensaje al otro lado del mundo con una precisión increíble, pero nos cuesta cruzar la calle para conocer a un nuevo vecino. Pasamos más tiempo mirando la televisión que relacionándonos con nuestros hijos. Decimos que queremos cambiar el mundo, pero ni siquiera somos capaces de cambiarnos a nosotros mismos. Entonces, mientras el sol se pone en nuestra vida y nos permitimos un tiempo para reflexionar profundamente, captamos un atisbo de las alegrías que podríamos haber experimentado, las bondades que podríamos haber hecho y las personas que pudimos ser. Pero ya es demasiado tarde.

22 de diciembre

Lo que más necesitamos en este mundo es amor. Y no me refiero solamente a amar a otras personas. Debemos mostrar amor a nuestro trabajo. Debemos amar nuestro entorno y, sobre todo, debemos mostrar amor hacia nosotros mismos. Solo entonces podemos expresar a otros nuestro amor sincero y pleno. Todo lo que hagas mientras vives debe hablar de amor.

23 de diciembre

Cuando no has perdonado a alguien, es como si llevaras a esa persona colgada de la espalda... lo cual es una carga muy pesada. Una vez la perdonas, la dejas caer. Por fin puedes seguir adelante con tu vida. Ya nadie te lastra. Te vuelves mucho más libre como persona.

24 de diciembre

Perdonar a alguien no es lo mismo que aprobar su conducta. Perdonar a alguien es, simplemente, ver que las personas dolidas hacen cosas que duelen. Te animo a comprender que las personas que hieren a otras es porque antes las han herido. Las personas que no se aman no pueden dar amor a otros. Y las personas que no se respetan no tienen ni idea de cómo mostrar respeto hacia los demás.

25 de diciembre

¿Sabes cuánto más feliz se sentiría cada persona de este mundo si pudiera dedicar un poco de tiempo cada día a servir a los demás? Por favor, piensa en la alegría que invade a una persona cuando se dedica a crear un valor real y perdurable para otros. Ayudar a otras personas a cumplir sus sueños es, cuando se mira desde esta perspectiva, un gran regalo que te haces a ti mismo. Pero hay demasiadas personas que no perciben esta verdad.

26 de diciembre

Empieza a reverenciar de nuevo la vida y a celebrar todas sus maravillas. Despierta al poder que tienes para hacer que pasen cosas. Una vez lo hagas, la Vida te ayudará eficazmente a hacer maravillas.

Disfrutemos del viaje de la vida

27 de diciembre

Haz lo que debas para fomentar tu amor por la vida. Busca tiempo para que te emocionen los placeres sencillos de la vida, los que tanto apreciábamos de niños. La mayoría de nosotros no apreciamos lo que tenemos hasta que lo perdemos.

28 de diciembre

La vida es algo muy frágil. Es un tesoro de valor incalculable, que nos confían para que guardemos y aprovechemos tanto como podamos. El hecho de que no volverá es precisamente lo que la convierte en algo tan sagrado.

29 de diciembre

Comprométete sinceramente a convertirte en una persona que vive la vida en un estado constante de gratitud y de expectación positiva. Ten grandes sueños, pero disfruta también del lugar donde te encuentres en cada momento. Lo cierto es que el camino es tan importante como el lugar de destino. Cuando logres mantener esta forma de pensar, sin duda alguna la vida derramará sobre ti su abundancia.

Disfrutemos del viaje de la vida

30 de diciembre

La vida es un juego. No te la tomes demasiado en serio. Diviértete. Baila. Ríe. Ama. Y nunca pierdas la perspectiva de las cosas.

Disfrutemos del viaje de la vida

31 de diciembre

Mientras recorres el camino hacia tus objetivos, propósitos y sueños, diviértete. Nunca olvides la importancia de vivir con una euforia desbocada. Nunca dejes de apreciar la exquisita belleza en todos los seres vivos. Hoy, este momento que compartimos tú y yo, es un regalo. Mantente vigoroso, alegre y curioso. Concéntrate en trabajar tu vida y en ser altruista. Al mismo tiempo, pásatelo muy bien por el camino, porque la vida es un tesoro que hay que celebrar.